湖北省博物館藏

錢穆致徐復觀信札

錢婉約 整理

中 華 書 局

圖書在版編目（CIP）數據

錢穆致徐復觀信札 / 錢穆著；錢婉約整理 .—北京：中華書局，2020.10
ISBN 978-7-101-14648-6

Ⅰ. 錢… Ⅱ. ①錢… ②錢… Ⅲ. 錢穆（1895-1990）— 書信集 Ⅳ.K825.81

中國版本圖書館 CIP 數據核字 (2020) 第 123659 號

書　　名	錢穆致徐復觀信札
著　　者	錢　穆
整 理 者	錢婉約
責任編輯	孟慶媛
出版發行	中華書局 （北京市豐臺區太平橋西里 38 號　100073） http://www.zhbc.com.cn E-mail:zhbc@zhbc.com.cn
印　　刷	天津圖文方嘉印刷有限公司
版　　次	2020 年 10 月北京第 1 版 2020 年 10 月北京第 1 次印刷
規　　格	開本 / 710 × 1000 毫米　1/32 印張 8¼　字數 160 千字
印　　數	1-3000 冊
國際書號	ISBN 978-7-101-14648-6
定　　價	96.00 元

目録

一九四八

佛觀先生大鑒：

廿八日惠示，今日自蘇來錫，始獲拜讀。尊恙尚未全愈，仍盼隨時節攝，以慰私望。拙著荷過推，甚感甚慚。《朱子心學略》另封寄上，不及排入第六期，儘可緩發，此等文字並無時間性，惟早欲呈教，故匆匆寄奉耳。惟稿未録副，至祈妥爲保存。穆嬾於走動，秋來儻有遊興，可來黿渚小住否？匆匆，即頌

痊祺！

弟錢穆拜啓

（一九四八年）十月二日

承索劣字，俟稍閒，當爲試作，請政。又及。

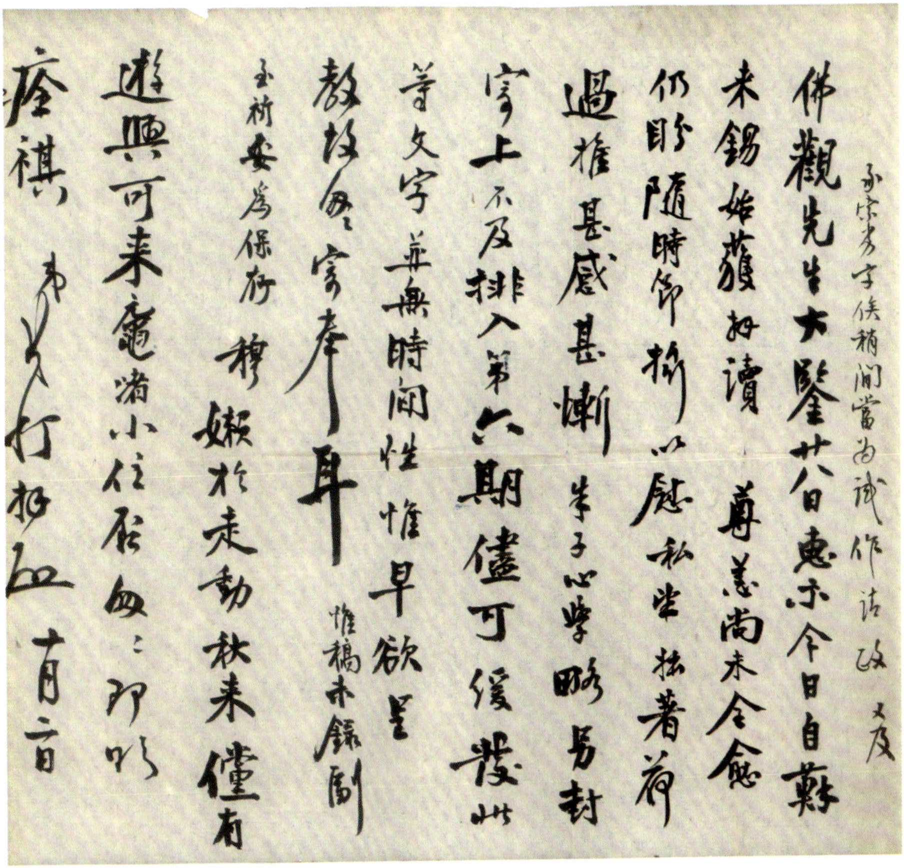

承索考字，俟稍閒當爲識作。詩政。又及

佛觀先生大鑒：廿六日惠示，今日自蘇來錫始獲拜讀。尊恙尚未全愈，仍盼隨時節勞，以慰私望。拙著蒙過推，甚感甚慚。朱子心學略易封寄上，不及排入第六期，儘可緩發。此等文字並無時間性，惟早欲呈教，故急急寄奉耳。惟稿未錄副，並祈妥爲保存。穆嬾於走動，秋來僅有遊興，可來龜渚小住，屆時函之。即頌痊祺。

弟錢穆拜上 十月二日

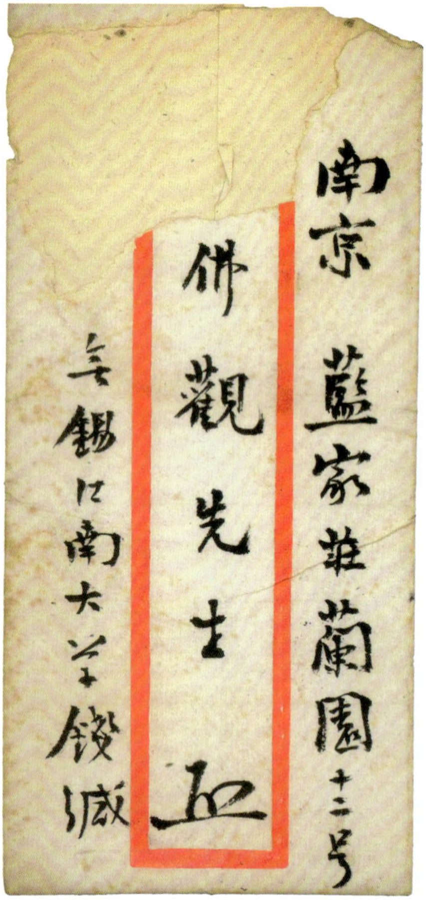
南京
藍家莊蘭園十二号
佛觀先生 啓
無錫江南大学錢緘

4.4699 2/2

一九五一

佛觀吾兄惠鑒：

別來一切爲念。今日於丕介處獲讀手緘，關於《民主評論》及中國問題研究所事，以弟懸測，主要關鍵乃在兄之滯留東瀛，引起忌嫉者之流言，唐君一函便是透露其癥結之證明。兄爲此兩事業計，最好似宜從速作歸計，並於最近即去函臺方，聲明不日即歸。中研所盼唐儘速撥款，不必另派人員多一周折，諒唐見此信，斷無堅主派人之理。而《民評》經費俟兄到臺，再當面洽請，亦應不致真成問題也。如兄對中研所事不願再繼續，亦當徑告唐君，謂彼既能派人，可讓出由唐接辦，如此較爲合情合理。似不宜拒絕唐方派人，而直捷將中研所停辦，則一方面似乎是意氣之爭，而另一方面又似將中研所一番進行，專爲私人事業打算。弟意吾人做事，成敗可以不論，而有始有終，必須有一鮮明之態度，此層盼兄再一思之。

至《民評》社事更爲複雜。兄若滯東不返，難怪臺方多所猜防。由丕介徑去洽談，恐非妥善之道。弟意兄長期留東，終非得計，此後盼仍往返港臺，能一心一意專辦《民主評論》，對多方面貢獻已屬甚大。若能仍將中研所勉强維持，自屬更好，否則乘水推舟將其讓與乃建，亦不失爲一策。至《民評》已費許多心血，似不宜即此放棄，而關鍵則在兄之出處。若長期留東，竊恐《民評》前途必有變化。曾憶在臺時，弟意本不主兄去東作長期居留之計，此層已屢爲兄言及。雖所談未盡，然兄當能瞭弟之意，盼再熟思。如以弟言爲然，即速函臺方，聲明即歸。據弟揣測，似不致有多大問題也。

弟素愛曹孟德用兵，意思安閒，如不欲戰。竊謂此不僅治軍臨陣爲然，處事從政，一切當如是，胸中先自養得一番恬退安和氣息，則臨事因應不致失錯。兄此年來似多憤激，此固外面刺戟使然，然如能養得此心安恬，則牢騷憤鬱之情自然消散。此等於事無補，若能時時自反，亦就不將一切責任歸之外來。凡遠到之業，必從此立腳，困心衡慮，正所以增益自己之不能。今日萬事無插手處，最好勿插手。然既已在手之事，似亦不宜遽爾放手。猶憶去年此時，兄在蕪湖街，亦爲《民評》事灰心，弟曾力勸勉力打破難關。至今又歷一年，弟勸兄勿小視此事，能忍則忍，能耐則耐，能遷就則遷就，能委屈則委屈。若心中真看得起此一事業，能真爲此事業前途犧牲，則此刻斷非山窮水盡之時。縱謂是山窮水盡，兄返臺一行亦是爲此一事業盡了最後之努力。吾儕做事，不必求有意外之收穫，然亦該使之不有後悔，既盡我力，則無悔。

兄似不宜滯留東瀛而放棄此兩年來一手經營之已成事業也，弟甚盼兄此後能長在港，多所商榷，朋友講益，互有所得。教育文化是百年大計，學術思想是惟一出路，寄居異國到底於此兩者均不能大有展布。即孫君前談事有眉目，弟亦不主居東瀛。此事弟籌之甚熟，吾人出處大節，正在此等處宜下決斷。此中曲折弟不待多所剖悉，兄必能瞭弟之意也。前在臺未細談者，因兄本云不久即歸，故遂不願多説。連日與丕介談及兄事，久欲作一長函勸兄早歸。此書匆匆寫就，殊未斟酌措辭，然如此寫法，兄亦必

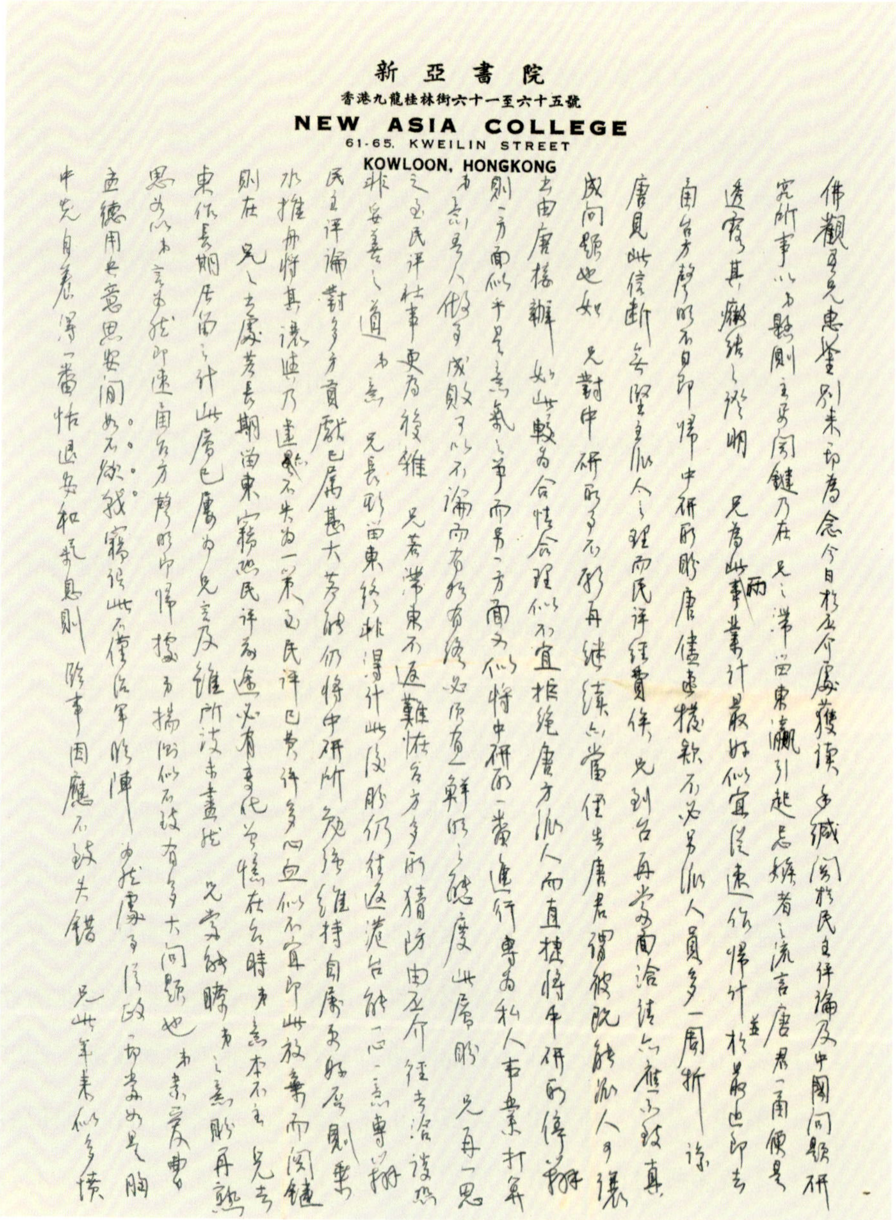

新亞書院
香港九龍桂林街六十一至六十五號
NEW ASIA COLLEGE
61-65, KWEILIN STREET
KOWLOON, HONGKONG

佛觀吾兄惠鑒：別來時念。今日於某處獲讀手緘，關於民主評論及中國問題研
究所事。以弟觀則主要關鍵乃在兄之常留東瀛，引起忌嫉者之流言，唐君一面便是
透露其癥結之證明。兄為此事業計，最好似宜從速作歸計，於前此即去
函台方，聲明不日即歸，中研所所聘唐儘屬機緣，不必另派人員，多一周折，諒
唐見此信，斷無堅主派人之理。而民評經費，俟兄到台再當面洽，諒亦應不致真
成問題也。如兄對中研所事不能再繼續，亦當任由唐君彼院能派人之議，
由唐接辦，如此較為合情合理，似不宜拒絕唐方派人而直接將中研所停辦。
則一方面似乎是意氣之爭，而另一方面又似將中研所一番進行專為私人事業打算。
亦恐另人復多成敗，可以不論，而有損前途，必須有一鮮明之態度。此層盼兄再一思
之。至民評社事更為複雜，兄若常東不返，難於台方多所猜防，由香港經常洽談，恐
非妥善之道。弟意兄長期留東，終非得計，此後兩仍往返港台，能一心一意專辦
民主評論，對多方貢獻已屬甚大，若能仍將中研所勉強維持自屬更好，有些更
如推卸將其職責乃速點不失為一策。至民評已費許多心血，似不宜即此放棄，而關鍵
則在兄之去處。若長期留東，實恐民評為難，必有變化。弟在台時，弟意本不主兄去
東作長期居留之計，此層已屢向兄言及，雖所談未盡，然兄當能瞭弟之意，盼再熟
思之。以弟言，兄即速回台方，聲明即歸，據弟揣測似不致有多大問題也。弟素反對
重德用世意思安閒，如不欲我窮於此不懂作軍政陣營，且於某事多作政治，即妥如兄胸
中先自意得一番恬退安和氣息，則於此事固應不致失錯。兄此年來似多讀

新亞書院
香港九龍桂林街六十一至六十五號
NEW ASIA COLLEGE
61-65, KWEILIN STREET
KOWLOON, HONGKONG

激。此固外面刺戟使然，然如能養得此心安恬，則牢騷憤懣之情自然消散。此等於事無補，若能時時自反，亦就不將一切責任歸之外來，凡遇之事必須此去辦。困心衡慮，正所以增益自己之不能。今日萬事無標準，我院已存在之事，似亦不宜過嚴於手續。青年此時 兄在學術上亦當於評事於心，尤當力勸勉力打破難關。五年又歷一年，尤勸 兄勿小視此事，能忍則忍，能耐則耐，能遷就則遷就，能養則養，否則無法。若心中真看得起此一事業，能真為此事業著遠犧牲，則此刻斷非山窮水盡之時，縱說是山窮水盡，兄返台一行亦是為此院事業盡了最後之努力。盡了人事，必亦有意外之收穫，然亦使之不有後悔。盡我力則無悔。兄似不宜常留東瀛，而放棄此兩年來之經營已成了事業也。尤甚盼 兄此後能長居香港，多與商權朋友講益，亦有所得。教育文化是百年大計，學術思想是唯一出路。實居異國到底於此兩者均不能大有展布。即如只為讀書有前用，中亦不宜居東瀛。此事亦籌之甚熟，吾人出處大節，正在此等處宜下決斷。其中曲折亦不待多所剖表，兄必能曉其意也。前在台未細讀著，因 兄來云不久即歸，故遂不能多讀，連日無暇亦讀及。兄今久欲作一長函勸 兄早歸，此書亦寫就，殊未能詳，姑先將此意寫信，兄亦必能曉其意。然縱使 兄返台一切失敗，仍宜以新亞返台來港為得。亦由 兄籌此甚熟，故敢盡情相勸耳。

多此不列，順頌

旅祺

錢穆啟

十六日夜

新亞書院
NEW ASIA COLLEGE
61-65, KWEILIN STREET
KOWLOON, HONGKONG
BY AIR MAIL
PAR AVION

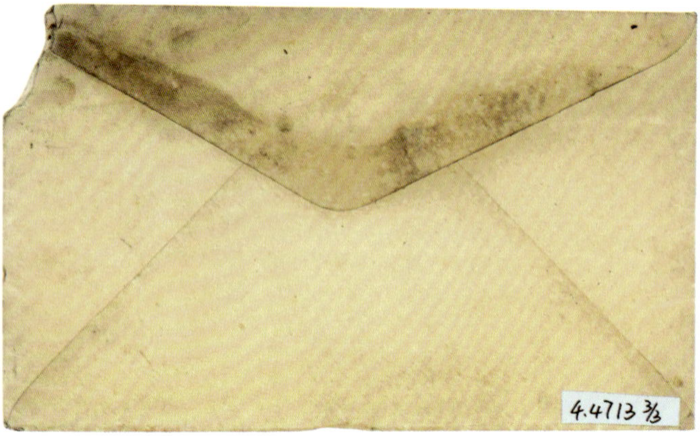

能瞭弟之意矣。縱使兄返臺一切失敗，仍宜以斷然返臺來港爲得，弟爲兄籌此甚熟，故敢盡情相勸耳。匆此不别，順頌

旅祺！

弟錢穆拜啓

（一九五一年五月）十六日夜

佛觀吾兄如晤：

廿七、廿八兩書，今日同時奉到。弟同時有一信寄臺中，頃當□□□□。來書已與丕介、君毅同讀，此間意仍望兄以事業爲重，擔此責任。《民評》兩年來□於國家社會有所貢獻，若爲小意氣竟此停刊，殊不值得。創一事業，亦斷難人人而悦，惟既受津貼，亦不得不有所照顧。《民評》此兩年來，態度與世以共見。改委會方面若確有具體之主張、切實之意見，自當虚衷接納。然亦盼兄再將《民評》此兩年之立場與抱負，剴切向唐、蕭諸君再一説明。若彼輩在原則上能同意，此間意盼兄早來。内部事仍如弟前函所云，一仍舊貫，由兄任發行人，由丕介任主編，弟與君毅從旁贊助。若定欲組織一編委會，此乃内部事，兄來港再商，不必與外面相洽。至弟任社長事，弟既屢函囑兄弗進行，兄提出此議，本屬多此一舉。

至於别人評論是非，則弟殊不在意。吾人做事，只當内盡諸己，外面毁譽從違，可不一一計較。兄萬不宜因此生氣，弟决不因此對《民評》灰心，兄亦勿再持前議。儘算兄接納彼輩意見，亦無不可，弟向不在此等處計較也。回憶數十年來，著書持論，每只内忖於心，只怕不自信，苟自信所及，雖舉世非笑，亦不爲動。若指摘有當，弟必虚心樂受。自己學業深淺，自己亦豈不知？希聖謂我如小學生，此□□□知己，弟實時時以小學生心理自處，上念前哲，實恐欲當一員小學生而無此資格耳。□港兩年，生活如此不定，何曾一日不親書册？若非有學生心情，恐不能常此向學，教授乃□□吃飯職業，學生真弟之内心生活也，兄何竟爲此不快？

此僅兄平日相親愛之意，至於共同幹一事業，實斷不當在此等處生氣。

弟前此來臺之行，兄屢有以所聞見告，弟亦只一笑置之，從不存懷。甚望兄能早日去臺北，若彼輩能誠意要《民評》復刊，兄即宜早謀來港。惟《民評》兩年來之立場與態度，自可向彼輩再一申述，總望此後免雙方多生波折。彼輩若確有真實見到語，兄亦當虛心接受。總之，爲國家、爲民族、爲文化前途多得人瞭解，須不憚煩勞，苦口婆心，借此亦可暢述兄之胸懷，亦不必預臆別人之不能受盡言，如此再一細談，可免將來出版後横生麻煩。惟若真有使兄難堪條件，弟等亦不强兄遷就。□求大節過得去，此外由兄到港再熟商。弟等三人一意如此，想兄亦必謂然。□□□□□不如意處，請兄只爲《民評》前途計，不必多較量，弟爲此事，屢向兄多所敦□，自問亦爲大局，想兄不以爲怪耳。

《莊子注》已與《時報》訂約，即日付排。新得一友人助款三千元，此書得早付印，亦一快事。弟因須自校一過，至少須一月，因此來臺之議又臨時中輟，俟此稿校畢再説矣。匆匆不盡，即頌

近祺！

弟穆啓

（一九五一年）十月一日夜

嫂夫人諸姪均念。

丕介、君毅均此附候。

新亞書院
香港九龍桂林街六十一至六十五號
NEW ASIA COLLEGE
61-65 KWEILIN STREET
KOWLOON, HONGKONG

佛觀吾兄如晤：廿七廿八兩書，今日同時奉到，弟同時有一信寄台中，頃當
來書已與丕介君毅同讀，此間意仍望兄以事業為重，擔此責任，民評兩年來
於國家社會有所貢獻，若為小意氣竟此停刊，殊不值得，創一事業亦斷難人人而悅，
惟既受津貼，亦不得不有所賬餉，民評此兩年來態度與世以共見，改委會方面若確有
具體之主張切實之意見，自當虛衷接納，然亦賴兄再將民評此兩年之立場與抱負，
剴切向唐蕭諸君再一說明，若彼輩社局則上能同意，此間意賴兄早來，內部事仍如
弟前函所云，仍舊貫，由兄任發行人，由丕介任主編，弟與君毅從旁贊助，若定欲組織一編委
會，此乃內部事，兄來港再商，不必與外面相洽，至弟任社長事，弟既屢函囑兄轉達
行，兄提出此議本屬多此一舉，至於別人評論是非，則弟殊不在意，吾人做事，
當內盡諸己，外面毀譽，從違可不一一計較，兄萬不宜因此生氣，弟決不因此對民評灰
心，兄亦勿再持前議，儘算兄接納彼輩意見亦無不可，弟向不在此等處計較也。
回憶數十年來著書持論，毋只內忖於心，只怕不自信，苟自信所及，雖舉世非笑，亦不為
若指摘有當，弟必虛心樂受，自己學業深淺自己亦豈不知，希望謂我如小學生，
知己，弟實時時以小學生心理自處，上忽著撰，實恐欲當一員小學生而年此皆格
港兩年，生活如此不定，何嘗一日不親書冊，若非有學生心情，恐不能常此向學教授乃
於收職業學生長弟之內心生活也。兄何竟為此不快，此信兄平日相親愛之意已於
同辦一事業，實斷不當在此等處生氣，弟想為此前之行，兄屢有所聞見，吾亦為
一笑置之，從不存憾甚深，兄能早日去台北，若彼輩能誠意要民評復刊，兄即

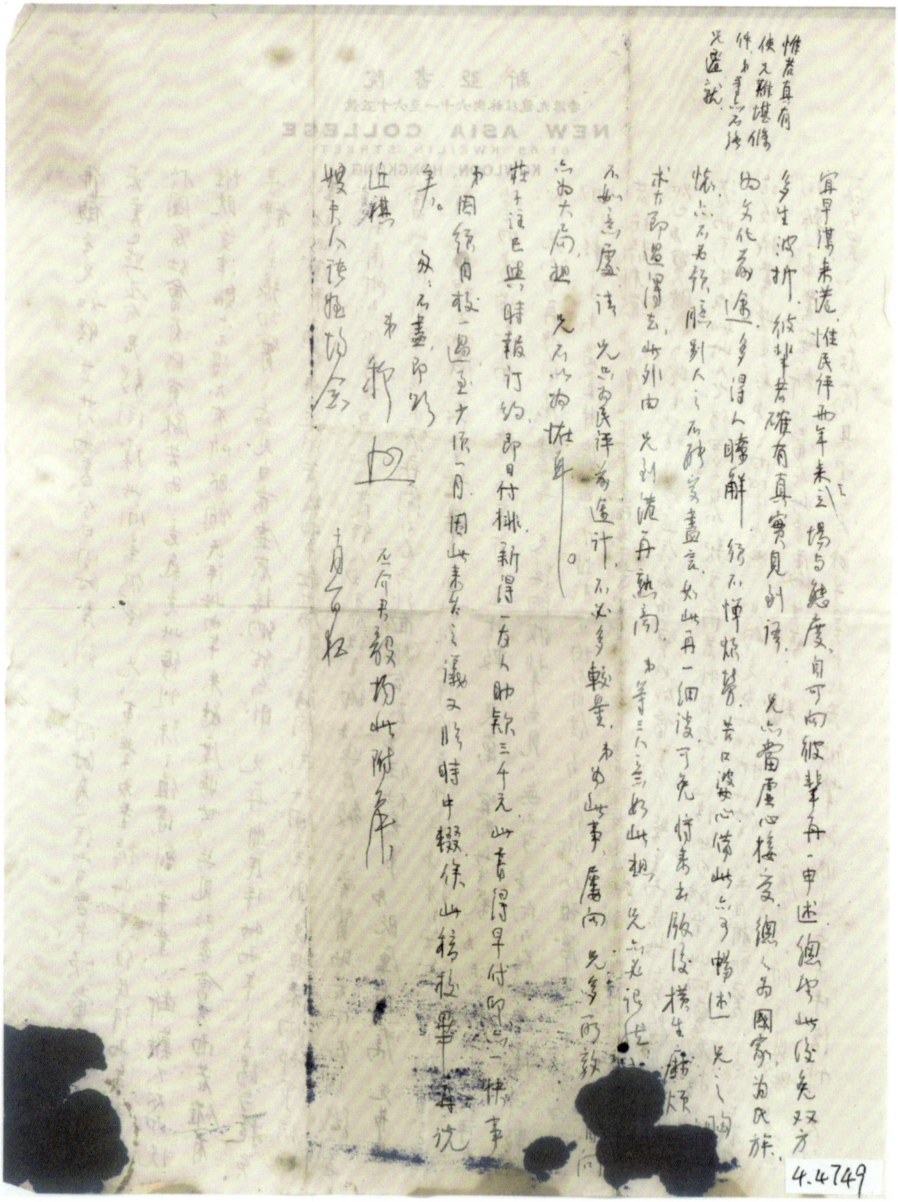

新亞書院
香港九龍桂林街六十一至六十五號
NEW ASIA COLLEGE
61-65 KWEILIN STREET
KOWLOON, HONGKONG

宜早邀來港，惟民評兩年來之立場與態度，自可向彼輩再一申述，總期此後免雙方多生波折。彼輩若確有真實見解，兄亦當虛心接受，總之為國家為民族為文化前途，多得人瞭解，總不憚煩勞，苦口婆心，備此亦可暢述兄之胸懷。亦不必預臆別人之不能容盡言，如此再一細談，可免將來去取從橫生麻煩。求方即過滬去，此外由兄到港再熟商。弟等三人意如此想，兄亦不妨從不如意處談，兄亦為民評前途計，不必多較量。弟為此事屢向兄多所款□，亦為大局想，兄不必為難耳。

莊子註已與時報訂約，即日付排。新得一友人助款三千元，此書得早付印，亦一快事。弟因須自校一遍，至少須一月，因此未易之議又臨時中輟，俟此稿校畢再說矣。匆匆不盡，即頌

近祺

弟 穆 啟

又何君毅均此附候

嫂夫人請代候安

十月六日

惟君真有使兄難堪條件，弟等亦不使兄遷就。

4.4749

佛觀吾兄惠鑒：

今晨朱懷老來談，彼已與陳院長晤談，據云陳意並無極端反對之意，惟亦未翻然首肯此事。懷老意俟雪屏返，再一相談，諒不致有大問題。昨晚唐乃建與張佛泉亦來談，乃建亦謂仍可與雪屏細商，佛泉意則謂若要儘在政府現行制度下求備案，名稱不必拘，則其事斷無困難。而學校只求辦起，此下自有發展。至教授人選及經濟問題等，據佛泉意，皆不甚嚴重，不必多所考慮。弟意兄在臺中，不必對政府事多所張揚，且俟雪屏返，在最短期內當可得解決，此事仍以繼續運行爲是，最好先與地方商量房屋，再不發生問題爲要。弟今日起忙於講演，然只隨口講，不須多預備。緩一兩日，俟精力漸旺得可出外奔走也。

湯家讀書會講題今晨已想定，講“中國歷史上之危機與新生”，專就人事處多講，與戰略顧問會所講“政治制度之得失”，可勿衝突重複也。匆匆，即頌

日祺！

閫第均候！

弟穆拜啓

（一九五一年冬）廿五日午

佛觀吾兄：

胡小姐今日來臺中，此後幸時加照拂。

學校事既已發動在前，固不必急促求成，亦不宜即自怠置。弟在此以各方講演，非到下月中旬不能即離。當在此期間再看風氣，俟有開展，隨時奉聞。

大稿已全部寫就否？爲念。兄能埋頭書册，盼能繼續在學術上多有發表，政論文字究竟只顧當前，抑且易滋外面誤會，不如專就純學術性者多所努力，收效更宏也。匆頌

日祺！

弟穆拜上

（一九五一年末到一九五二年初）廿九夜

雪屏於一、二日內當與約晤。

一九五二

復觀吾兄：

昨晚蔡培火來談，彼將於星一陰曆二日之下午傍晚由彰化平等號車轉來臺中。囑兄事先約定莊遂性及張君，於當晚一談關於日報事。翌晨星弍陰初三當去霧峯晤林君。弟本允於初三晚趕到臺中，星三仝去霧峯。惟當晚苗栗鄔君特親來邀游，並云到獅子山外尚有長島温泉，兩處非作三日游不可。弟已允於除夕去苗栗，預定到陰初三下午始可離去，與培老臺中之約，只有作罷。關於學校進行事，弟事前亦實不願多所參預耳。

至於新年重來臺中與否，須看此數日有無講演之諾而定。因聞經國須邀去北投講演，惟尚未來接洽，若彼相邀，弟當允其請，如是則恐不獲抽身再來臺中矣。車站留片，厚意至感，一切幸諒。至來苗栗相迎云云，萬不敢當。弟如得暇，決徑來尊府也。諸知好均乞代達鄙衷。專頌

儷祉！

弟穆拜上

（一九五二年春節）廿三晨

復觀吾兄大鑒：

廿四日第二書奉到。弟此次臨時變計，決去苗栗度歲，承兄屢函，心滋不安，惟苗栗已有前諾，茲定於明晨大除夕去苗栗，陰元旦去長島宿一夜，二日返苗栗，趕於十二時半到臺中，獅山之游取消。弟到臺中後當徑驅尊寓，萬勿到站相迎，增弟慚仄。惟蔡老培火前告彼於陰曆初二來臺中，坐平等號車由彰化轉來。到時當在日晡或傍晚。彼囑是晚與兄及莊君遂性及張君會談報紙事，翌晨則赴霧峯看林君。兄來書云，莊君於初二下午約赴山莊過宿，恐與蔡君之約之左，乞再酌奪。匆復，順頌

年禧！

弟穆拜上

（一九五二年春節）廿五日午

佛觀吾兄如晤：

廿六日手書已到。昨日晤士選諸人，大體意見，若徑從老先生處下手，恐引起多方反感，將來不免多所牽掣。曉峯對此事仍抱反感，彼竭力勸弟主持一學會，專講學、研究，大體仍如前年所談，並堅主此事須先與部方商妥。彼立刻通電話與程約晤。弟在汽車中晤時，力主今晚不談此事，深恐部方先碰壁，此下即難再談。因此到程宅，只是閒談一番而别。雪屏連日未到廳辦公，已託人詢其病況，因拔牙發熱，諒不日可愈。大約不到兩三天可晤見。擬先懇切探其意向，然後再與院方懇談，若獲院方同情，由此上瀓府，下瀓部，此事較合軌道。若多方接洽，徒事張揚，有害無益，因此暫不多去見人。弟意先聽雪屏意見後再説。雪艇處亦暫未去信，總待兩三日後再説。弟輩有此願，如何實現，亦自有種種因緣配合，一意向前，反成礙力，亦非好事。不知兄意如何。

今晨坐候廳方復音，下午擬去看毅成，彼或可向部方説明我儕意趣也。乃建處或今天或明天去。訪人不易相值，奔走易生自心厭倦。弟總寬心漸進，走一步是一步，大約旬日内可得一端倪。至於開辦費一項，目前則無從提起，先要政府許辦，再緩圖之，能立了案，總是已開頭了，再可更及其他項目耳。

來後已兩夜未獲好睡矣，沈燕謀先生謙沖爲懷，爲《莊子》題簽，直書“門人”二字，弟當時再三抱慚，臨行叮囑丕介，影簽時將“門人”二字貼去。此層弟在港言之非一次；當面與燕謀談，丕介亦在旁。不謂昨日見刊本，儼然仍是原簽，使弟媿對沈君。

丕介作事，總是粗疏。弟今日已去函沈君，達弟慚疚。此等事丕介不瞭也。吾儕作一事，既不能獨力成之，而朋輩相與，亦未易得通力合作之選，故知凡事總有機運，否則歷史上亦不會有挽轉不來之機運矣。

《民評》目下固不符理想，然總算已有了兩年成績，弟意總望其維持水準，並能繼漲增高。弟恨此刻未能多爲《民評》撰文，前緘督促吾兄趕寫文字，幸勿忽略此意。君毅寫文字多了，亦似精采略損，前夜讀其《中國人格世界》一文，似未盡所長。要求《民評》每期能有一篇真的好文章，亦屬不易，能兩期得一篇，則至少吾儕須盡力爲之也。弟此數月來，不僅未寫文章，並亦未讀書。前年來臺，校款早有着落，故得盡情講學遊覽撰文。今次之來，政院洽款，至今未決；校舍事又屢起屢落，此心總感不落實。在兄處亦專以擺棋譜消遣，因此深感古人修養之不易□及。惟此心始終未大摇動，成敗不以置懷，若此事不成，弟心不致有落空，返港仍可一本素抱，怡然自得，只在過程中，未能不失常態，此是修養之未到也。

弟今年與兄相處，纔深感兄之可愛。據弟旁窺，兄心地似較去歲落實，一意閉户讀書，自然言談之間，精光日露，足證學問真貴從本原心地上用力，竊願以此自勉，亦以此更勉兄之日進無疆。此事成敗，亦不應太著急，自盡我心而止。此種態度，決非消極，欲求遠到，實該從此等處自己用心。

胡美琦小姐聰慧有智，言談皆有見地，非一尋常女子。去港之事，若臺中能成事，弟不勸其去。惟彼甚不願再留家庭中，常日爲瑣務所困。弟或勸其來代周小姐師校之職，惟在臺設校事尚在渺茫中，不知師校黃校長能多留此職懸空一時期否？大約兩週内，必可有一具體眉目也。弟日内自當絡續將接洽經過相告。黃校長返臺中，幸兄斟酌一談爲盼。

《文化學大義》已出版，在此分送友人，不日當設法帶十部二十部來臺中。此書雖匆促成之，甚望兄細讀一過，再有討論。言雖淺顯，意實深至。兄讀後再細商可也。匆此，即頌

闔第安吉！

弟穆拜上

（一九五二年一至八月間）廿七日

佛觀吾兄如面：

今午與雪屏談，一切問題已解決。政府在原則上對臺中設校事不表反對，癥結在經費。據云院方表示無餘力可補助，部方則對學校辦學宗旨及課程標準，恐與現行法規抵牾。弟表示當盡量顧全現行法令，此層亦非關重要。廳方表示開辦費方面大約可補助五萬之數，弟亦未有所請益，此層似可到後再談。至曉峯則頗不贊成此事。據云黨方殊無餘力可助。雪艇前日云云，乃彼見弟函，誤謂弟將此事有所借重，均急求脱卸責任，並非代表政府意見耳。目下問題首在經費，次在人選，人選須緩緩物色，經費如何籌措，亟宜開始。弟對此事一無把握，且亦不能爲此多爲奔走，要物色在此有切實負責奔走洽商之人殊難，不知兄將何以教之？明後日擬一訪行深，與經國約晤，談裝甲兵學校事。岳軍亦擬一訪。盼兄在臺中先一洽商，得便來臺北一行，如何？

丕介今日來一信，對《民評》選擇稿件事，大致都接受，弟所云之對伯莊文，亦有辨白，大意彼對伯莊並不相識，伯莊到新亞，亦只訪弟與君毅，只某晚偶云幫忙要稿，而明日即袖一稿來，不便剔除不用云云。彼語氣間對兄去函相責，頗感不快。朋友之間小有誤會，較之過從本不相親者，更易有裂痕，以彼此相責皆較嚴故也。兄平日對言語文字在此等小節處皆不甚檢點，相識者覺其可愛，若小有芥蒂，則見爲可疑。弟意朋友相交，能各自反責，寬以相待，則小小芥蒂不久可釋。對《民評》勿遽悲觀，對丕介亦匆過深責，此弟之所以告兄者，想兄不以爲怪也。

胡小姐事，連日事冗未晤見，明日當往一訪，再作決定。其母病極嚴重，最近聞無危險矣。

所詢研究漢以後經濟思想一事，弟有頗多意見，此函不擬詳述，俟下函再詳論之。

東京之行終非長策，弟在去年已爲兄言之屢矣。由彼邦人士支持作研究，斷非好安頓，青年可以如此，中年以上人只有去講學或正式服事，此亦出處之道宜然，兄謂然否？

《莊子纂箋》正中曾寄中央書店否？韓方伯處，若書到，盼再送與一册。餘續及。即頌

闔第安吉！

弟穆啓

（一九五二年三月）十日夜

佛觀吾兄大鑒：

昨夜接奉三日晚來示，祗悉一是。連日雪屏無復音，想彼等事冗，只有忍以待之。昨托人轉告朱懷冰，由其徑與辭修院長面約，訂期約見，或可早獲確切解決。雪艇處亦未有復音，就事理言，此事不應落空，弟亦不願再有積極之表示。若政府對此事仍表反對，則吾儕亦可從此袖手，不再有所襄贊，儻再積極到處商洽，似乎非“毋固毋必”之義矣。前晨去晤張佛泉，彼極願共同努力，惟須俟政府態度明朗，再做進一步之約請。

陳石孚亦語及，彼亦云極願再從事教育工作，此刻之事非彼所樂，並云只要到時由弟與兄與孫君商，孫君未嘗不能許彼抽身也。今日或可去看張行深，託其轉向經國致意，約一見面之期。晚間蔣夢麟請餐，席間或可有雪屏，農復會能否相助，亦可於今晚談起。宗三爲婚事，極少見面，此事容後再談。君毅兄等之入境證，弟須略緩數日再去看。乃建因連日託請，不得不稍隔時日也。毅成雖熱心，弟只淡淡略過。今得兄書，與弟同感，弟決從緩再與彼商討。因在港見面，係張莼漚等少數人相聚，不見其另一面相。此次在臺北，屢在大庭廣衆中相聚，總覺一種習氣，決擔當不起教育青年之重任。吾輩作事，不可純從功利、方便處打算，寧可少幫手，不可轉移自己理想。弟歷來宗旨如此，故亦不願輕易預聞社會群衆事業。此次之事，亦由兄等從旁力促，始有此成績，將來之前途，仍盼專與兄等少數興趣相同者埋頭從事，若多拉活動人物，所得不償所失也。

臺中一切仍盼稍後數日再正式展開爲要。

胡小姐之母病況似好轉，彼仍極盼去港。弟今晨特去勸其留臺。臺中師校之職，彼未必即能來，不知黄校長能諒其處境否？少年失學，家務冗雜，急切想出路，此情亦可諒耳。

兄咳嗽此函未提起，不知已全痊復否？爲念。此間若能得士選、石孚作籌備人，不知好否？惟石孚恐仍多有懷疑其出處者。總之，成一事不易，旁人只要有話説便儘量説，破壞一事甚易，不可不慮。或到時再請兄駕來臺北一行，俾可當面熟商一切，此刻尚未到勞駕來此之期。弟只懶於奔走，每日只求能見一二人，即不願更多拜謁。岳軍處到門未見，投一刺而去。匆匆，即頌

近祺！

弟穆拜上

（一九五二年）

足下所預想之秘書人選，可將姓名見告否？

《莊子纂箋》不日寄來，《文化學大義》據正中云，前中央書店祇代銷書，結賬不清，須有保證再寄。俟弟與彼處再洽。

佛觀吾兄大鑒：

前日一緘諒已先到。此間訪人殊不易，到門不值，悵然空返是常事。乃建昨日下午獲長談，彼對在臺設校極爲贊成，並可多方協助，目下進行步驟，決先與教廳協商，將來學院即可在廳方立案，並可有確切補助。惟雪屏連日已去草山，彼約於兩三日後可以見面，俟彼同意，再晤政院，陳院長由是便可作一大體上之決定。至於其他各方，則統俟此兩步驟做到再説。

王雲五送來一請柬，在明日中午，兄恐不及趕來，到時諒可與《自由人》方面各人見面。毅成去訪未值，聞此兩日去草山，亦待明日相晤。蔡培火去訪亦未值，彼曾來此間，匆匆約今明日再來。據云，聯合大學最早須在三月中旬後始有消息也。

冠宇校長大約三數日後可返臺中，前函所託代胡小姐説項，盼即與一談爲感。弟前函囑新亞郵寄招生簡章，儻寄到，懇轉撥十分左右來臺北，亦可送人一閱也。《文化學大義》緩日送頌喬，良雄處託其帶來《中國思想史》，聞政治部不日可付印矣。匆頌闔第安吉！

沈成老近日體況如何？爲念。學校事一週内當可有較具體之下落。

佛觀兄再鑒：

已作一書，適獲兄廿八日手書。丕介書，弟前信告其臺北讀者極盼多看見吾兄之文章，弟正苦無心緒撰文，已專函催兄□寫，不知彼見此書，能多知此間空氣否？六期目録，弟已在乃建處看到，實歉空洞。惟此刻首在吾們多寫文章，第二俟弟返港，看能否多説幾句話。

關於示及之兩點，准當如尊示進行。弟於事務上往往不能多用心，此乃積久心習，在此恨無如兄者指點爲憾耳。蔡培火適來，已告以進行事。

再頌

痊安！

（一九五二年）

弟臨行之晨，即覺兄面露倦態，盼能多休息爲要。

弟又爲陳伯莊一文，□告此間讀者反應。丕介復謂，真不知臺灣方面之心理。此等文章，不從内容看，而分臺港心理看，真可怪。諒君毅亦未與丕介懇切談之，故彼誤認爲臺港心理不同耳。

佛觀吾兄：

今日傍晚佛泉來，彼云已和兄談過。暢談學校事。彼力主不須立案，俾可免教部束縛。只辦一書院講學團體，招生可較自由。聘教師亦可少可多。此層即弟來臺之前，君毅亦力主此意。辦學院，總爲成規所限，不如竟打破此窠臼。惟此層不知臺中地方人士能否諒解？若校舍仍能有着落，即正式籌募款項，不必多籌，亦可創始。能有三五人生活費即可，規模小可少招學生也。此層盼兄在未去日前，能再與莊、張諸君一談。如校舍能不成問題，弟即在此再謀籌費事。若地方能捐助更佳。或須弟再親來臺中一行否？盼數日内酌示。弟十月後有數日暇，若地方捐校舍原議仍能維持，最好正式有一手續，以免再有反復。

雪屏昨曾去訪，未值。彼託人來另約晤面之期。大致政府不致能正式允辦大學也。乃建云便向老人進言，俾可約一短時間面談。若成事實，弟意亦徑以辦書院進言。細思實較辦一學院爲佳，惟不知地方人士能否諒解此義耳。若有確定房舍，約四五人集體講學，有四五十至一百學生即可，能擴大固更佳。完全照宋明書院規模，不分系，不限年級。過幾年亦可發一文憑，畢業者在社會上仍可有信仰與地位也。先如一大私塾，而此後可變成一新大學。此層盼兄先爲一洽，至要以校舍之能確定爲主。

深夜不能睡，起床作此紙，潦草幸諒。

（一九五二年九月）五日夜三時

牟潤蓀今晨來談，亦甚贊同此議。如陳石泉能偕來，再請徐道鄰，只數人即可創立一書院。仍聘莊君爲總務，便與地方接洽。我輩既反對現行教育制度，而仍要用現行教育之名號，又强要政府立案，此層似自己反對了自己。程天放曾親對我説過，最好辦一書院。張曉峯本勸我組一學會或講學團體，似乎政府斷不能再有禁止之理由。只在此團體内仍招青年學生相隨而已。教育廳補助或仍可商量。故此事極盼兄再鼓興趣，與臺中人士一熟商之。弟急欲返港一行，切盼此事能早有一着落。政府立案事，只可打消。盼兄專就發揚中國文化及宋明書院講學精神，盡量發揮，以求臺中地方人士之樂助。或竟在孔廟房屋辦亦可，招收學生有困難。惟最好仍以軍功寮校舍爲宜。切盼早復。匆頌

日安！

弟穆啓

六日再書

佛觀吾兄大鑒：

十一日來書奉到。承示張、莊諸先生對弟關切，並熱忱教育文化事業之推進，不勝感激。學校事，昨晚陳雪屏約晚餐，據云院方並未關門，又言臺中校舍並未有確切決定。弟窺其意，只在推諉拖宕而止。彼明知弟急於返港，似乎盼弟走後，此事即以不了了之。

尊示在臺北借用孔廟，此事本可無問題。以前鈕鐵老當院長，自可相商，目下換賈景老，此人亦可商。彼前日下午曾來弟寓，極力贊助辦學計畫，並云當代向當局進言云云。若要商孔廟，自亦可進言。惟弟意絶不願在臺北。因弟居臺北，時時不斷有機關學校邀約講演，若久住，並可有其他麻煩。人事太冗，豈非把自己犧牲太甚，勢將不能再埋頭書册，因此弟絶不願在臺北。

如臺中地方人士仍對原議感有興趣，弟亦願繼續盡力。弟意最好仍能在郊外得一校舍，較爲静僻，可便師生之進修。至取名書院，只是避免正軌學院之名稱，在政府方面可免其准許設立大學之破例。而書院辦法亦仍是同樣要招學生，並非完全與舊式書院同樣，只來學者暫不能得正式大學之同等資歷而已。然亦初辦如此，隔一兩年，情形有變，仍可補請立案。而學校課程則可一照我儕之理想，不必太受教部之拘束，故張佛泉諸兄均力主辦書院也。既招學生，自可收學費。惟初辦時或學生不多，然亦可少課程、少教師，不必如學院課程，定必廣羅教授。其間亦互有得失耳。

弟意先能約五六人，一文學、一史學、一哲學、一英文、一政治、一經濟。最多六七人。經濟方面，先能籌募一開辦費，此外看招生情形。此事必待臺中有了正式房屋，再在此約集多人創立董事會，再募經費。故弟意若純作爲一社會私人文化事業，則關鍵實在臺中，而不在臺北也。俟臺中確有據點，弟始可在此與人相商耳。此層盼兄先能與莊、張諸先生一商見示。若有眉目，弟自可再留一些時。否則弟亦急於返港也。

若確定辦書院以①研究②講學爲號召，實際則仍必招學生。否則其勢將如中央研究院，大家自己讀書著書，儘可各自關門做，何必多一集團？故弟意書院只是一名義，而學校仍是一實質，此層盼兄特別注意。至於招生或少受影響，然若能得一百人，亦可作挹注矣。

尊見如何？莊、張諸先生意見如何？盼就近一商見示。

今晚陸君來，《新亞報》記者。弟託帶一信，已云決定返港。得兄函，當再淹滯以待。又及。

匆頌

近祺！

弟穆拜啓

（一九五二年）十二日夜

莊、張諸先生均此道候，不別。

教授與學生須得宿舍，將來須求有發展，故弟意仍盼能在軍功寮。若求孔廟，終非久計，與其多費一筆遷移費，不如立定基礎，逐步發展。總之，作始雖簡，將畢也鉅，似不宜先取消極態度也。又及。

佛觀吾兄大鑒：

廿九日手書，今晨奉悉。適雪屏來分社，對學校事大致已無問題，彼不日即去看陳院長，據云亦不致有問題。彼詢及開辦經費，弟云最少以二十萬爲起碼，希望能有廿萬至五十萬之數。弟當一面設法籌募，一面盼教廳幫忙。彼亦並無異議，惟云恐下學經費不能有巨額撥出而已。弟允擬一預算表再商。此層盼即日與莊、張兩君詳商，先對校舍修理用具等各項擬出一約數，看市政府方面能有幾許補助。教廳方面，弟再本此與之熟商。雪屏意，第一在教授難聘，最好能住校專任，此層恐更難；第二彼意初期學生最好不求多，學費不擬多收。關於課程方面，彼甚贊同弟之主張，惟云部方恐多周折。弟允由校方再與程部長詳細討論，大致此事即可正式進行，斷不致有大問題。

又蔣夢麟近對農村發生大興趣，對弟之中國文化之意見甚表贊同。彼今日託雪屏轉達，盼能見面詳談。弟意若彼能贊助，將來以文學院及農學院合辦，或可得農復會之後援。此層俟與見面談後，再看情形。

雪艇處昨日發去一函，諒隔數日彼可有復。

岳軍尚未去見面，不日即擬走訪。

今午《自由人》社由王雲五請客，毅人諸人諒均可見面。

對學校事務方面，弟意多請臺灣本地人一節，亦對雪屏談過。彼意似對臺地人士尚多懷疑，惟此層不致有大問題，惟對延聘教授，最好能多純在教育界服務者，此層則殊費斟酌也。

學校事既大體決定，弟擬通一函與經國，再詢裝甲兵學校校舍一節。

員林房屋，暫能保留亦佳。此事盼五縣市能正式合作，辦成一像樣之文農合一之新學院，對將來中國高等教育前途，必可有大影響也。

弟擬常川留臺事，亦已與雪屏談過。

懇兄將此情形，先與莊、張兩先生細商，先就校舍整修等開辦費之必須數字，寫一簡略預算，一面便晤劉壽如諸人，亦不妨告以可成事實，諒不致再落空也。

胡小姐事，承告一節，弟當與詳商，不日可得其決意，再告。

《文化學大義》已交唐、徐兩兄，可帶十五册來臺中，凡分送《莊子纂箋》者，均可各送一分，再要請示知。

餘俟續及。即頌

痊祺！

弟穆拜啓

（一九五二年）三月一日

嫂夫人諸姪均念。

佛觀吾兄大鑒：

尊恙仍未全痊爲念。咳嗽最好服幾帖中藥，飲食須求富營養而能消化者，多休息，勿勤伏案爲要。

蔣夢麟今日去，未值，聞彼近對農村甚感興趣，對弟講中國文化頗抱同情之感，此甚難得，擬得機會與彼一長談，或可於學校前途有些援助。政府方面，兩日無接觸，僅昨日去居覺老百日祭禮，晤雪艇秘書處黎君，云彼數日當約談，如是而已。張佛泉處，明日當可一晤。此間事俟得政府正式允許，弟當即來臺中，或約兄來臺北商談。此間之籌備人選至裝甲學校事，弟意俟政府允准再去晤經國。此刻談了，萬一落空，不如往後談爲是。

君章處當與龔君商一日期去晤。

胡小姐之母親昨夜突患嘔血，諒係胃潰瘍，形勢極嚴重，今日已漸平復，至夜未再吐。惟此病急切不易即痊，其家多子女，而傭人爲省工資辭了，恐胡小姐急切未易脱身。香港之行，諒不致再成事實，不知師校黄校長方面能許其再緩到職否？盼再一談。

《莊子》與《文化學大義》當囑即寄。匆匆不盡，即頌

痊安！

弟穆啓

（一九五二年三月）三日夜

前日晤董彦堂，彼亦甚感以前傅氏一派學風之弊，言間亦恨一時不再能鑽出牛角尖，此等話頗不易聽得，風氣之變，亦殊可興奮。爲《民評》事,弟今日晨又有一長信與丕介，總望有話盡量談，求此刊物能繼續發生功效，更盼兄勿對此消極也。

今夜晤宗三，彼職事似尚無把握，惟鄧文儀在座，未獲細詢。又及。

佛觀吾兄：

六日函，今晨到。雪屏談後，至今無嗣音，今日又電話催詢，彼又他出開會去了，大約明日可得一答復。雪艇約今日晤談，俟見面後再詳告。辭修院長託朱懷老轉約見面，應亦在此數日内可見到。弟今日去府，當再見懷老。

昨夜蔣夢麟約餐，本欲共談中國文化問題，而席間諸人東西牽拉，談不上頭緒。席後夢麟約弟獨留，對談至十二時半始辭出。彼能感到以前胡、傅之誤，而承認弟對中國史之看法，實是頗不容易之事。惟彼對五四前後一番成見，究竟洗刷不盡，只承認弟對以往看法，以後出路，仍是已往一套意見。彼極有意教育事業，亦知專作農村下層工作，應與上層大學教育相配合，故對弟意見，頗感注意。惟若一談到深處，即驟難相契。彼詢弟經費事，弟即詢彼能否相助，彼即答無可爲力，而贊成弟一試。蓋彼乃一老謀深算之人，非弟等事稍有規模，彼決不會出頭相助。又談論一時不易接筍，此後得機會多往返。此一方面或可有希望，現在只可說安放一閒棋也。

關於水的問題，弟暫未提及，俟後看機會再說。臺中又有此一波折，實在意中，此刻只求政府能有明確態度。想校舍問題應可渡此波瀾。裝甲兵學校事，弟終望先得政府具體同意後再談。因若忽然再提到校舍問題，恐政府又疑我等未有確切校舍，轉又多生枝節也。

兆熊在弟臨行前寫的幾封信，弟只轉了柳克遠一處，託人携去，聽其口氣頗不佳。此等事與其多從下面談，不如徑與上面談，彼輩決不瞭解我等之理想，只把看一般辦學人路徑看。我們説亦説不明，而且又須小心奉侍，否則反而生反感，弟又不能有此一套，故不如不理之爲勝。做事不能不計慮周密，然而有時卻不能多計慮，弟又非此才，無此經驗，不如轉用我長之爲妥。非弟怕事，非大氣磅礴人，實不易打開局面，而弟則只是循謹自守而已。諸葛孔明一生謹慎，弟慕之而不能到，以狷者之質性，而不免狂者之習氣，故不能涉世。今日之事，弟決不望有何大展布，極望得一二友朋互相挾扶，而在臺北則環顧難之。

捺下心氣，寫了三篇小文章，擬寄《民評》。丕介來信，云可擴展篇幅，又云稿不愁短缺，而對弟屢函相戒，竟無一字往復，殆亦一時説不投契也。上午寫至此，即去介壽館。

雪艇已見過，談話影像極不佳。彼先云私人贊成與否且不談，遂歷告我三年來院方不准增校之經過。彼謂我之請求，勢必要推翻三年來之成案，以前請求設校者勢必舊事重提。彼意看情形，此事前途困難極多，彼純從客觀立場，謂先告我此一番話，可免將來實際進行遇障礙而灰心。彼又謂，最好能創立一私人講學團體，並舉聯合國同志會爲例，謂如此亦有貢獻，而可免與政府既定之方針抵觸。我當告以此事之困難點，與告曉峯者大意相同。彼又極力謂香港辦學之重要，勸弟能早日返港，將來雙方兼顧殊困難，若離開香港，則港方失一主要中心，原來效用恐不能持續。總之似一味推卻，並無積極相助之意。

雪屏已將一週更無消息，弟擬明後日催其一確實答復。朱懷冰今晨到總統府，彼適外出未見，若彼介辭修見面，弟將最後一談，如無望，即早辦歸計。此事弟本甚躊躇，弟之不能奔走請謁，兄知之甚深，此等事大違個性。所謂知其不可而爲之，亦並不指此等行爲而言。今日學術頹喪，風氣衰落，我輩能埋頭自爲，意想轉移，此即知其不可而爲之。如天天在接洽權要上打算，恐孔子復生，當必加以呵斥，決不首肯此等行跡也。孔子未嘗不見魯哀公，未嘗不見季孫氏，然見行可始仕，未嘗先求見魯公見季孫，要求有所作爲。真要爲學術界盡力，亦儘有可盡力處。弟此數月浪擲精力，究爲何來，思之誠可笑也。若一週内此事尚無着落，弟斷不願再留，亦不再來臺中，此後亦不想多來臺。兄能否於數日内來臺北一晤面？此事成否，且以一週爲期。成，兄固當來，不成，即圖數日聚，把此事一細談，作一結束，兄返臺中亦可有一交代。如何？乞斟酌。

弟今日起，已不願爲此事再有商洽，只待雪屏確復，與是否懷冰之約得見院座。至此後擬事不成，臨離前詳函府院首座，放一炮而起身，表示此一番打算之不願默爾而息。或者政府得有一反省之機會，似乎如此作法，較之分頭走謁，較爲爽快。兄意如何？因恐兄未必願來，故將此意先告。尊見盼即示。匆匆不盡，順頌

闔第安吉！

弟穆拜啓

（一九五二年三月）七日

沈成老爲此事盡力，至以爲感，弟函且勿爲外人道，以尚有最後一步未到盡處也。

佛觀兄再鑒：

作書未寄，又獲來緘。兄能潛心學業，實所欣望。將來中國出路，必然要發揚舊根柢，再加西方化，此事斷無可疑。胡君治學途轍不正，少得盛名，更增其病。其心坎隱微處中疚甚深，恐難洗滌，將來蓋棺論定，當遠不如章太炎、梁任公。若彼誠意要求西化，更該於西方文化政教精微處用心，觀其在臺北國聯同志會講演，僅舉美國最近數十年生産財政數字，此乃粗迹，亦是常識，如何能憑此主持一代風氣？當知學問總須在正面講，南北朝高僧大德潛心佛乘，何嘗要大聲呼斥孔孟？而胡君一生不講西方精微處，專意呵斥本國粗淺處，影響之壞，貽害匪淺。又觀其在蔡孑民紀念館講禪宗乃佛教中之革命，赴日本講中國最近幾世紀儒者都在爲孔佛文化造謠説謊，弟竊疑彼此兩番講演，似是在臺涉獵過拙著《中國思想史》。彼對禪宗實無深造，其謂《壇經》係神會僞造，弟已在重慶出版之《東方雜誌》中爲文駁斥。彼向來未講到禪宗乃宗教革命，何以此刻遽然提出此觀點？彼僅言神會對北禪之革命，而不悟慧能對從來佛學之革命，正由其讀書一枝一節，不肯細細從頭到尾深切體會耳。至宋明學與孔孟相異處，彼更從未提到過，彼一向乃誤認宋儒與孔孟乃一鼻空出氣也。彼對此只知有顔元與戴震，並未在兩學案用過功。弟在《近三百年學術史》中雖略有論及宋明、先秦異同，而具體指出則在《思想史》，彼所謂“造謠説謊”，弟疑證據即如弟所舉耳。弟之所舉則出顔戴之外。然弟講禪宗，並未輕視台、賢，亦不輕視南北朝空、有兩宗。弟分辨宋明、先秦之異，亦未輕薄宋明儒。如弟《國史大綱》論王安石、司馬光新舊黨争，亦從未有出主入奴、門户黨伐之見。此非有心迴護或故作調解，學術異同是非總該平心而論，不該以偏鋒肆其輕呵。戴東原本有貢獻，其病亦在太走偏鋒耳。從來斷無有輕肆詆呵、專尚偏鋒而能影響一代之風氣者。如有影響，則決然是壞影響。

吾兄有意向中國文化上追求，此斷然是時代需要，盼勿爲一時風尚摇惑。惟四十以後人做學問方法應與四十以前人不同，因精力究不如四十以前，不得不看準路向，一意專精，切忌泛濫。弟意兄應善用所長，善盡所能，一面從日文進窺西方，一面在本國儒學中，只一意孔孟《易》《庸》、程朱陸王幾個重要點鑽研。以 兄之鋭入，不到五年，必可有一把柄在手，所争者在志趨正，立定後不摇惑，潛心赴之，他無奇巧也。直率之言，恃兄過相推許，想不以爲笑也。再頌

箸祺！

弟又及

（一九五二年）

復觀吾兄如晤：

屢奉來書，久未裁答爲歉。劉百閔勉任編輯，乃弟等一時力挽難卻。又謂大駕終有來港之期，故當時暫定由百閔先編三月。不謂百閔堅主前言，不願再續。前旬曾由弟與君毅力勸，昨晚百閔又來，似難移轉。弟初意只望該刊得以維持，實則自身則絶無精力可以兼顧，此下如何維持，甚感乏術。君毅則主由兄在臺編輯，寄稿來港，聞已有函相聞，不知尊意究如何？關於分社事，亦因百閔先已提出三月不幹之議，故未作復。私意分社決須求其振作，頌喬兄推薦自可信託，惟兄似表示絶對置身事外，實使弟難於決斷。弟之初意，殊非如此，似兄應以此兩事合并再一考慮，詳以示之。至於頌喬兄處，弟暫不作復，想彼不時往返臺中，兄見面先代道歉。總之弟可爲《民評》盡力處無不盡，幾年來一向如此，目下又到一通盤籌劃時期，故切盼兄之見教也。匆上，順頌

時祺！

弟穆拜上

（一九五二年）三月十七日

劉君不在臺中，兄失一熟友，如有書翰，幸代道念，至囑至囑。

佛觀吾兄惠鑒：

昨日曾有一緘，諒先到。午刻赴士林，始知推測大誤，到客卅餘人，依然是賞飯一餐而已。席間未有機會進言。弟並覺老人意態，此次兩度接見，似遠不如以前之情意周摯，即進言亦未必投契。臨行呈《莊子》及《文化學大義》兩册，並附前《民評》。弟所撰《理想的大學教育》一篇，又《新亞招生簡章》及《在臺設校節略》各一分，不知老人是否能細看。曉峯在旁，對弟呈書似殊關切。鄙人有臧倉沮之，殆不可免。

昨晚與孫某晤談直達十一時，彼對設校事似頗有興趣，對石兄同去臺中亦不反對。惟弟告以事尚在停頓中，未必有成耳。

胡小姐決定在星期日來臺中，因彼諸弟妹堅邀，在是日可送行也。盼便轉告黄校長。匆頌

闔第潭吉！

弟穆啓

（一九五二年三月）廿八日

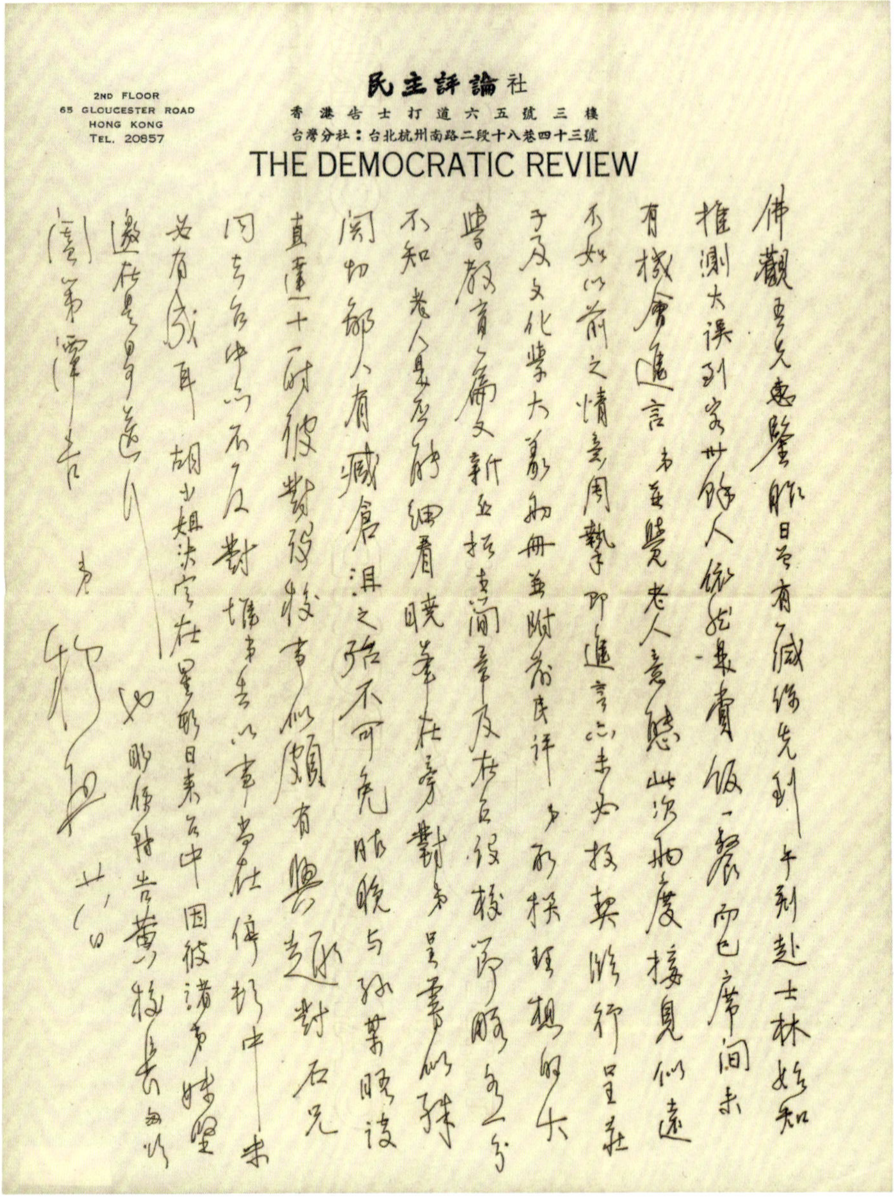

民主評論社
香港告士打道六五號三樓
台灣分社：台北杭州南路二段十八巷四十三號
2ND FLOOR
65 GLOUCESTER ROAD
HONG KONG
TEL. 20857
THE DEMOCRATIC REVIEW

佛觀吾兄惠鑒：昨日君有人緘錫先到，午刻赴士林始知
推測大誤。到客廿餘人，從者最貴，僅一餐而已。席間未
有機會進言，弟並覺老人意態此次兩度接見似遠
不如以前之情意周摯，即進言亦未必投契。臨行呈拙
手及文化叢大義兩冊，並附前序評，多取採理想的大
學教育之篇文新亞校刊章及本公段校節略各一冊，
不知老人是否能細看。曉峯在旁，對弟是否肯代轉
閱，切盼有人有藏倉沮之語，不可免。昨晚與孫業曉談
直達十一時，彼對此校事似頗有興趣，對於兄
問去台中亦不反對，據其意以東海董事社亦得插中來
並有成耳。胡小姐決定在星期日來台中，因彼諸弟妹望
邀往星期日遊。如晤便附告黃振長兄無以
闔第潭吉
弟 錢穆 廿八日

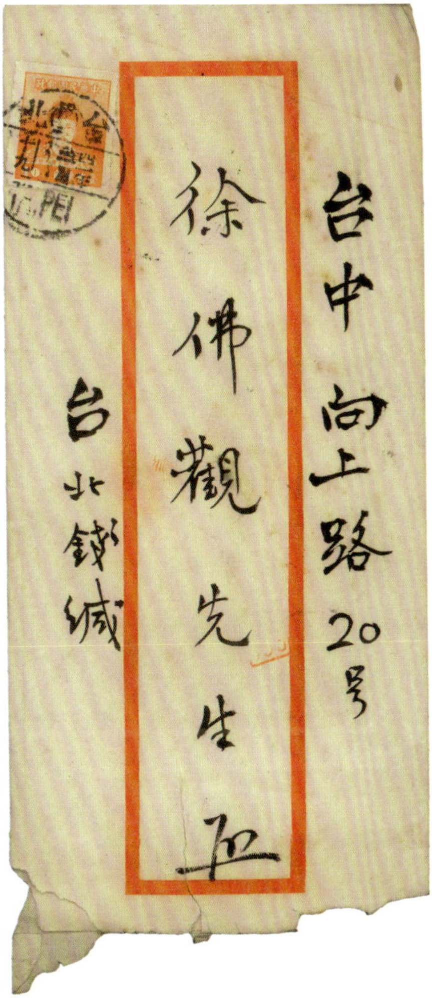
台中向上路20号
徐佛觀先生 启
台北錢緘

4.4691 2/2

復觀兄如面：

各示均悉。帥娃子相片甚佳。此兒精采發越而神定氣聚，將來必成大器。此刻惟求家庭涵育，有以助成其遠到。大凡人在艱苦中得特別奮發，否則在和順中得堅實感召，幸兄嫂家室和順，令諸兄諸姊皆悦懌暢適，則雍睦之氣所以助成其幼年之心地者，決非將來書本學校教育所能相提並論也。

《民評》經費事，弟即日當作書與曉峯。惟未識有效否耳。

去歲講演稿《中國歷史精神》，最近由南洋出版，兹郵奉一册。《莊子纂箋》已寄臺北，請便囑陳學齡寄一册至臺中。

日嘉治隆一在弟離臺北前，曾有緘致居浩然之姊，囑轉詢去日事，而浩然擱置至弟返港再來信，又匆匆語不盡詳。弟亦懶得理，今晨始去一復。此事非得切實中間一洽談人，弟覺無興趣成行。兄駕能來港最好，經費料不成問題也。出境證懇切説爲《民評》事，想亦不成問題耳。

學校登記事，諒可無問題，學生數亦稍多，各方空氣似對此校逐步有認識，惟大發展則斷無望。弟事冗食少，較之在臺中時，相距天壤矣。匆匆不盡，即頌

儷祉！

弟穆啓

（一九五二年）九月十日

沈老、吴老及諸故相識，便幸代候。

復觀吾兄惠鑒：

即日惟杜門撰述，闔第清吉，爲頌爲慰。拙著《中國歷史精神》一小册，新由南洋出版，兹郵奉一册，至祈賜正。又莊遂性兄一册迄轉交。並另寄沈、吴兩老各一册。吴禮老一册寄臺北，儻便，幸并詢及，並代致候意。莊遂性兄通信地址，盼便函告。弟返後，日爲冗雜所牽，並不能細細讀書，更談不到寫作矣。或天氣稍涼，可以漸次安定也。匆匆不盡，即頌

近祺！

弟穆啓

（一九五二年）九月廿一日

新亞書院

復觀吾兄惠鑒：昨日惟悉杜門撰述，閤第清吉，至以為慰。拙著中國歷史精神一小冊，新由南洋出版，茲郵奉一冊，至祈賜正。又莊遂性兄一冊，乞轉交。並另寄沈、吳兩老各一冊。吳稚老一冊寄台北，儻便幸并詢及，並代致候意。莊遂性兄通信地址，盼便函告。弟返後日為冗雜所牽，並不能細細讀書，更談不到寫作矣。或天氣稍涼，可以漸漸安定也。匆匆不盡，即頌

近祺。

弟穆拜啟　九月廿日

院址：香港九龍桂林街六十一至六十五號

佛觀吾兄大鑒：

弟昨日來冬營，臨行前曾有一緘，諒可到。在此急切未能即去，恐須到星二以後始能去臺南，知注特聞。弟衣服雜件均在臺南，故必繞道先去也。

儻有速急函文，送左營海軍部四海一家特一號。專此，即頌

近祺！

闔第均吉！

弟穆拜上

（一九五二年十月）九日午後

黃校長統此問候。

復觀吾兄惠鑒：

來示祗悉。程兆熊兄大作早已收到，弟因事冗，先送君毅兄處，君毅兄亦未看完。《民評》前期因登余協中一長文，此期孔誕專號，下期尚多積稿。據介兄報道，最近一兩期內，恐尚難刊出，惟未本卷內當決可登載也。雙十弟有短文，又破戒論及時事，雖著語不多，然甚有分量，僅恐招惹各方面惡感耳。此短篇於下期《民評》刊出。

農校兼課，雖有妨閉門讀書之時間，然講堂生活亦於自己多有裨益，盼勿以勉强心情應付。《民評》事最好兄駕能來，不知兼課是否有礙？此層殊爲懸懸也。賤體尚佳，惟冗雜殆不可堪，既負此責，只有耐心，無他妙法也。

臨行涂頌喬兄交與旅行支票兩紙，共美鈔五十元。昨日始去支取，據云已過期，乃一九四九年之支票。拒絕照付。弟所攜五十元之支票，亦須有保證人始允付出。兹先將一九四九之兩張隨函附上，因頌喬云乃兄轉與，故徑寄兄處。盼向原出票處交涉爲要。收到此函，並盼一復。匆此，祗頌

近祺！

弟穆啓

（一九五二年）十月一日

臨時恐有遺誤，支票未寄，俟復示再定。

四組欠費，得曉峯兄復允想法，並聞。

佛觀吾兄：

連奉兩書均悉。美鈔支票乃弟疏忽，前在臺北，兄與頌喬各交五十元，弟並未細看，即放抽屜亂紙中。直到臨行前夜，胡小姐來爲弟整理行李，彼臨時告我，亂紙中美鈔支票檢出放一裝板煙之皮袋内，並告我另有施先生兒子送來支票兩張，一并放在袋裏。弟匆匆未深留意，返港好久未注意到。直俟頌喬派人來領款，始從皮袋中拿出支票百元，誤謂此兩張乃頌喬交我者，到銀行拒絶領取，遂寄回尊處。此次兄把另兩張退回，弟細看其簽名，乃弟之舊學生，刻在印度，彼常送錢與施先生，乃恍然記起胡小姐臨行前所説，始悟兄之另一張或係仍在亂紙中丢了。昨日再理到那裝煙之破皮袋，乃知另一張仍在其内。此事累兄牽念，甚爲不安。兹將另一張電郵附上，至兄願負此失去之損失，不勝感謝。

關於《民評》事，弟當即日去信。乃建處私意，經費預算本定至明年七月斷無問題，只前虧了數，如何設法補領而已。故弟函只著重兄須來港爲内部事整頓一番，託其設法。一面盼兄徑往臺北與其面洽，或同時去一緘，俾其不致忽略擱置，一切事則盼兄到後處理。

弟返港以來，人事冗雜，遠不如在臺中時三月之清閒，因此時感積倦，前旬並病了四天。兄函屢囑保養身體，然弟積習，非到卧病，不慣裝樣詐病。别人總覺弟較前尚見肥潤，一切事甚難躲避一旁，只有勉强做去。新亞事並非無成績，學生中極有進步有希望者，雖此事弟實犧牲了極多精力，至今三年，從未細心讀書，

拱觀吾兄 道席：奉 手書均悉。以吳鈔之本乃示球，足為桂林兄[illegible]
頃奉 大函及五先生 華翰，細看即放抽屜，深藏中直到將來為[illegible]
胡小姐處為兄 整理之事，彼既付出極深，俾得鈔本，亦極[illegible]
一概校 接之事，俟面商。兄亦有擬，先生覺可，望速來示知[illegible]
耳。今然意 為兄亦未帶至為慮，好在不久自當到來[illegible]
今派人來領款，請便中交去可。兄 謂此物係乃[illegible]
為之我看見，銀行推廣領取，是當可用。兄今無此須兄 切[illegible]
兩件近因為細看，世風為力 為之精主，對於印度[illegible]
送錢之施先生，乃極能記錄，細心相為所說[illegible]
前之送件仍在深藏中，今日再理到那裏，極之破[illegible]
乃兄之件仍被其內此事累兄 寄居為安排將[illegible]
由鄭附上至兄 所，並此失去之精本，月前感何關於件[illegible]
業即呈行，乃 遺稿等於意經費預算未定，明年七月出[illegible]
此前顧之能為同行補編完成，為商兵看書，兄須事先[illegible]
內部事務擬一書，詳其設法面談，兄經續在此其面洽[illegible]
時去一紙，保其可證明的摘要一切事的照兄到後處理[illegible]
落以來，人事紛雜，不為在今年時之情間因此時感積慮[illegible]
向無痛之的千。兄看來仍係養身體，往來精神猶到[illegible]
病在懷，然掛錄稿於小組，兄為較為妥，兒肥潤一切方甚難[illegible]
遲一身出為，無法作成新書，乃是以無成績，出書中程有進[illegible]
有希望者，應由市 寶翰之精神，以精力至今已三年[illegible]
但心深為務，負出清楚，將例閉守，强為應擬，以自憾然[illegible]
所聞亦然，事事自己一人，守業打算並無信打算記出[illegible]
時局如此，隨後此後移存安排，到承無切閱讀[illegible]
不多之，匆匆即頌
近安 弟 [illegible] 頓首

存貨出清。恐將倒閉，學殖荒落，極以自憾。然出處所關，亦不能專爲自己一人學業打算，並無從打算起，只盼時局好轉，使此後生活能稍有安排耳。承懇切關注，感不可盡。匆匆，即頌

近安！

弟穆啓

（一九五二年十月）廿九日

佛觀吾兄大鑒：

久未得來教，爲念。前兩旬掛號寄上美鈔旅行支票五十張一紙，不知收到否？盼來函告及。乃建處同時去信，尚未見復到，尊處有其來函否？盼兄駕能徑去臺北面商一切爲妥。

弟冗雜如舊，最近寫《宋明學概論》，乃在臺宿諾，時限已屆，不得不寫。惟此書不願與前稿《中國思想史》多所重複。因此益費斟酌，又不能專心一意，時作時輟，僅成十之一。然自問《思想史》未盡之處尚多，將來此書成，應仍有一讀價值也。

前昨兩日臨時爲《民評》撰小文一篇，幸賜評騭。兆熊兄一文准當於下期刊出，幸勿念。弟十月中旬小病，玆已全復，精力如常。屢承關顧，殊此告慰。匆匆，即頌

近祺！

弟穆拜啓

（一九五二年十一月）十二日

臺中諸知友，幸便代道賤況。不一一。

新亞書院用箋

佛觀吾兄大鑒：久未得來教，為念。前兩旬掛號寄上美鈔旅行支票五十元一紙，不知收到否？昨來函告及乃建處同時去信，尚未見復。到尊處有其來函否？昨又囑錢往台北面商一切為妥。弟眠餐如昔。最近寫宋明學概論，乃在台所諾，時限已屆，不得不寫。惟此書不願與前稿中國思想史多所重複，因此益費斟酌，又不能專心一意，時

九龍深水埗桂林街65—66號

新亞書院用箋

作時綴僅成十之一，然自問思想史未盡之處尚多，將來此書成，恐仍有一讀價值也。前晤和日昨時為民評撰小文一篇，幸賜評騭。此能兄一文，渠當於下期刊出，幸勿念。弟十月中旬小病，茲已全復，精力如常，屢承關顧，特此告慰。匆匆即頌

近祺

弟穆拜上 十二日

台中諸知友，幸便代道賤況。不一一

九龍深水埗桂林街65—66號

佛觀吾兄大鑒：

三日來書奉悉，當即持與君毅兄一閱。據云丕兄爲《民評》事曾與君毅細談，其態度實非堅決，儘可再從容商量。惟丕兄在弟面前則甚少談及此事，或係弟出言直率，不如君毅能婉曲懇切，故丕兄遂避不與談耳。據君毅意，若維理能離此間，兄與丕介之間應無多大隔閡，仍可説通。因《民評》自始即係兄與丕介兩人主持，此後則終望兄與丕介仍能合作無間。

君毅此意弟自甚表贊同，不知到三卷完成之前，兄駕是否可來港一行？至維理決去臺北，弟意此事亦未始非對《民評》內部可解一結紐也。勞思光、程兆熊兩文且俟再告丕介，大約可於本卷內一并刊出耳。

兄來港後，若能常川駐港，親主編輯，實最爲合式，否則三卷以後，恐內部仍須有許多問題。兄不來，丕介又堅持不幹，弟與君毅究竟只能從旁勸説，恐無甚大作用也。是否兄能來，盼早打算爲要。惟弟思及前事，去冬曾力勸兄來，而《民評》內部仍未得痛快解決，此刻又説，總覺吾心內疚。弟亦感此事未能代兄多有斡旋，殊深愧怍耳。

弟返港，一切冗雜，甚以爲苦，常此以往，心神安頓不下，學殖荒落，身體亦喫虧。然既幹此事，又不能擺脱而去，只有希望大局好轉，或許弟有一閒適生活也。匆匆不盡，即頌

近祺！

弟穆啓

（一九五二年）

兆熊兄久未通信，想常見面，幸代道候。

復觀吾兄大鑒：

手書敬悉。弟覺辨張江陵一文，頭緒已太繁，不專指張江陵而已，牽涉到自秦以下整部宰相制度之實質。弟之答辨則只就張江陵一人稍稍説了幾句話，其他略而不論了。若尊文再添入明史的問題，實與文章體裁不相合，似宜另一題爲之。又弟意所謂鈔襲也，決非全部原封不動地作鈔胥的工作，即如郭向竊向秀，戴震竊趙一清，又何嘗是如近人所想像呢？此是古今人學養不同，當知郭象、王鴻緒、戴震亦皆學者，彼之所剽竊亦自有分寸。

弟不知兄意之詳，惟此等題目，斷非數語可盡，故以不草草牽涉爲佳耳。質之高見，以謂如何？兄文中有“姨太太”數語，弟讀後深感觸目，當時振筆疾書，連帶寫了許多話，然中心實非爲足下發。今讀尊翰，問弟恐配一節是否當删，因忽悟不如將尊稿“姨太太”幾句直截删了，又如丫環媛脚等話也删去。諒兄決不見怪。弟之稿尾一節也便删去，惟此數行，極願與足下一讀，並盼此後能接受弟之忠告，故仍附上。平日相知已深，當不以爲忤也。弟文删去一節，大概仍有兩千五百字，當附尊稿於十一期《民評》刊出。匆頌

大安！

弟穆拜上

（一九五二年）

一九五三

佛觀兄惠鑒：

來示奉悉。爲《民評》索稿，確是一難事。百閔兄兩月以來倍感苦痛，因介兄人事較少，故拒絶較易。閔兄人事多，此間雖未公開由其主編，然因閔兄常去民評社，故投稿者群以彼爲目標。取捨之間，既已費事，而退稿更多生麻煩。弟常擔心其灰心不幹，因初議彼只允暫攝三月，以待兄來，或俟介兄情緒轉變，再仍舊貫。弟心知兩者均不易，惟爲維持勿中輟，故照閔兄意，强其視事。彼雜事甚忙，屢言力竭，兹幸經費不成問題，此後隨時勸其繼續。兄如與閔兄通訊，盼亦多從此層措辭。萬一彼又推辭，再覓他人更不易，而社中鄭、金兩人，實不勝任也。臺北方面盼能多約撰稿人，先求此刊物多獲同聲氣之外圍，其内容主旨不致大相違謬即可。此亦隨宜之道，只有曲折以赴，急切謀全合理想，實殊不易耳。

關於臺北分社擴展業務一節，數日前曾集會商討。閔兄意臺社最好由君章兄主持。彼近況甚窘，並前爲民評社盡過一番責任，若能將陳學文薪給轉與君章，對其生活不無小補。陳君則既有職薪，生活較可維持，仍讓其住宿社中，仍擔一名義，不再支薪。臺北方面由君章主持，較可多所洽議，與兄函聞往來，亦甚方便。如是兄與君章兩人同力應付臺方推銷，必可有更大之發展。弟等四人均贊同此意見，特以函聞。儻兄亦以爲然，盼徑函君章，請其同意。如欲此間弟等亦去一信，以表示公意懇請，亦盼兄來函，弟等當再去信。惟此事由兄決定，並必由兄主動去函，弟等只從

弟兩度過舊曆年皆在　尊府暢適之至，今日回憶，不勝惘惘。遥祝
兄嫂諸姪歡度新年，想亦必會念及此流浪之孤人也。弟又及

佛觀兄惠鑒：來示奉悉。為民評索稿確是一難事，百閔兄兩月以來信感苦痛，因今兄人事較少，故拒絕較易，閔兄人事多，此間雖亦以閔由其主編，然因閔兄常去民評社，故投稿者群以彼為目標，取捨之間既已費事，而退稿更多生麻煩。弟常擔心其分心不幹，因擬議彼以兄暫攝三月以待兄來，知今兄情緒轉變，再仍舊貫，弟心知兩者均不易，惟為維持勿中輟，故盼閔兄意強其視事，彼雅事甚忙，屢言力謝於幸，信費不成問題，此後隨時勸其繼續。兄如與閔兄函訊，盼亦多以此層措辭，萬一彼又推辭，再覓他人更不易，而社中兩人實不勝任也。台北方面盼能多約撰稿人，先於此刊物多獲同情之外，因其內容自當不致大相違謬。即可此後隨宜之道，只有曲折以赴，急切謀全，合理想實踐不易耳。閔於台北分社擴展業務一節，數日前曾與集會商討，閔兄意以台社最好由君章兄主持，彼近況甚窘，並為民評社盡過一番責任，若能將陳子敬薪給轉與君章，對其生活不無小補，陳君則既有聯華薪生活，較可維持，仍讓其任宿舍，仍舊一文薪不再支薪。台北方面由君章主持，較可多所洽議。兄閔閔結果亦甚方便，如是兄與君章兩人合力發展台方推銷，必可有更大之發展，弟等同人均贊同此意。兄能以閔閔傳，兄亦以為然，盼經閔君章請其同意，如欲此間弟等亦去一信以表示公意，懇請亦盼。兄來函弟等當再去信，惟此事由兄決定，並當由兄主動去函，弟等只從旁助一臂之力而已。若其事有不妥處，亦盼函告，以便再謀其他人選。總之弟等於此事只盼台方能多增推銷，發展業務，一切決定仍由兄裁決，弟等只貢獻此一意見也。因兄嘗函弟提到此層，知大家於彼此相同，故經集議及此，備盼諒照。弟寫學概述已完稿，惟此等著作粗疏淺陋，年邊年前隨時有所增刪，然終有大謬誤。弟近因史綱作修補，皆隨改隨印，印出後再補，難再改，因心備亡不屬也。世覺兄此欲求著述精密，進步大不易，私自以為不易，先希兩篇，分友好推許，然自慚疏淺，著述要俟十年論學，朋友相識，不免實偽，隨心指摘亦多矣。私見學不足憑，而著述事非宗心獨運，四五十年賢者於度外不能有深味也。匆此布達，即頌
闔第年禧
弟 穆 上
大除夕

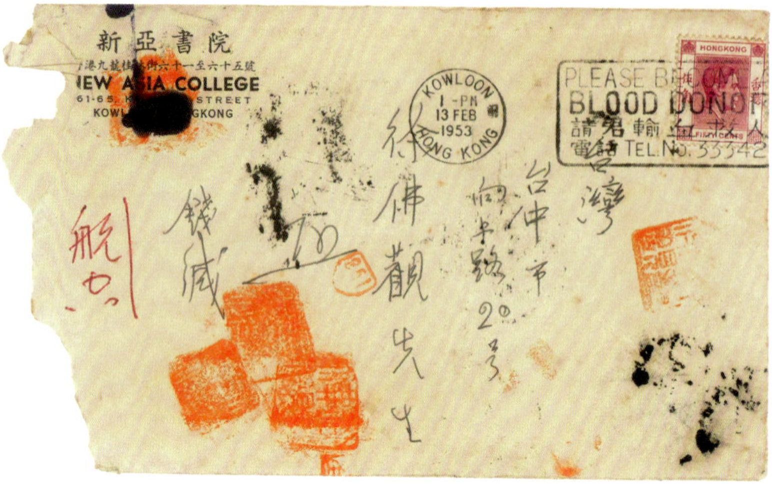
新亞書院
NEW ASIA COLLEGE
KOWLOON
1-PM
13 FEB
1953
HONG KONG
BLOOD DONO
HONGKONG
台灣
台中市
徐佛觀先生
錢緘

台北
TAIPEI

旁助一呼聲而已。若其事有不妥處，亦盼函告，以便再謀其他人選。總之，弟等爲此事，只盼臺方能多增推銷，發展業務，一切決定仍由兄裁決，弟等只貢獻此一意見。亦因兄前函曾提到此層，知大前提彼此相同，故經集議及此，諸盼諒照。

弟《宋明理學概述》已完稿，惟此等著作最好能留手邊一年，隨時有所增删，庶不致有大繆誤。弟自《國史大綱》以後，諸書皆隨成隨印，印出後極難再改，因心緒已不屬也。世亂如此，欲求著述精密，追蹤古人，良爲不易。先布兩篇，承友好推許，極自慙疚。著述當俟百年論定，朋友相識，不免寬假，隨心指摘，亦多夾私見，皆不足憑。爲著述事，非冥心獨運，置一時毀譽於度外，不能有深味也。匆此布達，即頌

闔第年禧！

弟穆啓

（一九五三年）大除夕

弟兩度過舊曆年皆在尊府，暢適之至，至今回憶，不勝惘惘。遥祝兄嫂諸姪歡度新年，想亦必會念及此流浪之孤人。弟又及。

復觀吾兄大鑒：

前奉一緘，諒早到達。昨得曉峯兄來書，於民評社舊欠五千及此後逐月四千之數，已允按期撥匯。經費方面暫已解決，至堪告慰。弟意第二步當努力發行推銷，臺北分社更爲重要。陳兄才具已絀，又不能專一在社，此事須首先調整，當俟隔幾天《民評》開會與百閔細商，俟有決議再以奉聞。尊見所及，更盼早告，以便於會商時提出。關於此數期之編輯，完全由百閔一人負責，惟對外則務必説明由弟等四人共同擔任，此乃浼其任事時再三約定，不知尊見對此幾期有何意見，盼以告知。遇便弟亦可在會議中徑以弟之私人意見提出討論也。又此刊經費既有著落，盼兄在臺就近多約撰稿人，總盼將内容逐步擴大，稿多並可多加精選耳。

《宋明學概論》已脱稿，最近正在從頭校讀一過，對朱子一節又增入數百字，較之《民評》刊出者，更有明白扼要之闡述。蓋自己校讀自己文章，眼光思路亦可比撰寫時較爲客觀，遇必須點明處而撰寫時急於寫下，而跳過未落筆處，可以隨時加入，此實一極重要工作也。弟自謂所補數百字有畫龍點睛之妙，朱學條理經弟幾篇文發揮，大致已得頭腦，此實爲近代學術史上一大貢獻。以兄常過推許，故直率相告耳。匆頌

儷祉！

弟穆上

（一九五三年上半年或初）

膽病如何，能勿發否？極念極念。

《歷代政治得失》已託韓雲濤轉奉十册，當已到，如再需，盼徑函雲濤索之。又及。

新亞書院
香港九龍桂林街六十一至六十五號
NEW ASIA COLLEGE
61-65, KWEILIN STREET
KOWLOON, HONGKONG

歷代政治得失已託佛雲濤轉奉十册，想已到，如再需，盼徑函雲濤索之。又及

復觀吾兄大鑒：前奉一緘，諒早到達。昨得曉峯兄來書，於民評社舊欠五千及此後逐月四千之數已允按期撥匯，經費方面暫已解决，至堪告慰。弟意第二步當努力發行推銷，台北分社更為重要，陳君才具已絀，又不能專一在社，此事須首先調整。當俟隔幾天民評開會與百閔細商，俟有決議再以奉聞。尊見所及，更盼早告，以便於會商時提出。關於此數期之編輯，完全由百閔一人負責，惟對外則務必說明由弟等四人共同擔任，此乃說其任事時再三約定，不知尊見對此數期有何意見，盼以告知，遇便弟亦可在社會議中續以弟之私人意見提出討論也。又此刊經費既有着落，盼兄在台就近多約撰稿人，總盼將內容逐步擴大，稿多並可多加精選耳。宋明學概論已脫稿，最近正在從頭校讀，還對朱子一節又增入數百字，較之民評刊出者更有明白扼要之闡述。並自己校讀自己文章，眼光思路亦與此撰寫時較有差觀，遇見須照顧處而撰寫時忽於寫下而跳過未詳盡處，可以隨時加入，此實一極重要之修正也。弟自謂此所補數百字有畫龍點睛之妙，朱子學脩理係弟最近發揮大段已得頭腦，此實為近代學術史上一大貢獻，以兄常過推許，故直率相告耳。毋外

勝為如何，錦自叢所擬定之

儷祉

弟 穆 上

佛觀吾兄大鑒：

歲除前曾肅一椷，諒先達覽。四組前少五千元於除夕匯來。雪艇先生亦有一信，大意謂黨方按月三千元，已與曉峯談及，由其接洽。諒經費一層，至此可告一段落矣。同時又見陳君學齡與社方一函，所開分社開支又較去年添列，按月須虧短九百元之數。此間預算本以分社方面自給自足爲原則，若再有虧短，此間預算又將摇動，務盼徑函陳君，盡力撙節，以免虧累。又陳君函云，兄曾許其補支去年七、八、九、十四月之津貼（月數記憶或有誤），按月港幣百元，囑徑匯去云云。未知兄曾否允其所請。弟意彼本有職業，分社方面夜宿晨離，亦未有所盡力。社方經濟困竭，即如百閔兄時時去社，車資均自掏腰包。此次匯來五千元，除清償舊欠外，尚有餘存，然最好能留作緩急之用。陳君可否以舊時社員情誼，勉盡義務？此層因未悉吾兄與陳君如何説定，故暫未復去。又弟前函轉達此間公意，儻能請君章兄出任社務，或可於推銷更有發展。頃接臺南施君來信，彼遍覓《民評》未得，徑來索取，可見推銷尚需推進。如以港幣百元之數轉贈君章，亦可稍補其困乏。惟若如陳君來函，分社按月虧短，則此項數字此間亦甚難調排，如何之處，尚祈酌奪函示爲要。

拙著《宋明理學概述》已可於本日寄出矣，知注并聞。專此，

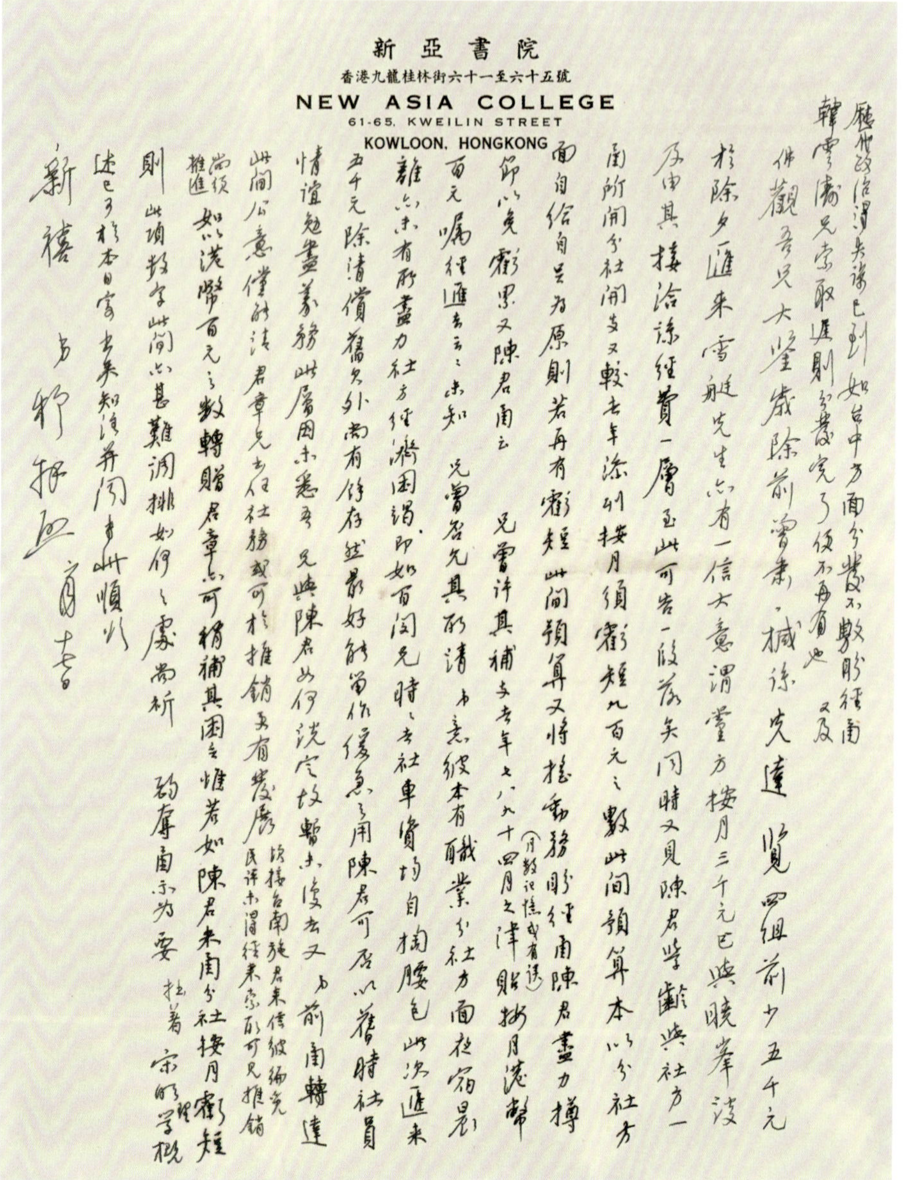

新亞書院
香港九龍桂林街六十一至六十五號
NEW ASIA COLLEGE
61-65, KWEILIN STREET
KOWLOON, HONGKONG

佛觀吾兄大鑒：歲除前曾上一緘，諒先達覽。羅組前少五千元於除夕匯來，雪艇先生亦有一信，大意謂當方按月三千元已與曉峯談及由其接洽，該經費一層至此可告一段落矣。同時又見陳君學齡與社方一面所聞分社開支又較去年添列，按月須虧短九百元之數，此間預算本以分社方面自給自足為原則，若再有虧短，此間預算又將搖動，務盼經由陳君盡力撙節，以免虧累。又陳君面云兄曾許其補支去年七八九十四月之津貼（月數記憶或有誤），按月港幣百元，囑經匯去，亦未知兄曾否允其所請。弟意彼本有職業，分社方面從前窮困雖亦未有所盡力，社方經濟困竭，即如百閔兄時時去社車資均自掏腰包。此次匯來五千元除清償舊欠外，尚有餘存，然最好能留作儲蓄之用。陳君可否以舊時社員情誼勉盡義務，此層因未悉兄與陳君如何說定，故暫未匯去。又弟前函轉達此間同意償該君章兄去任社務，或可於推銷方面有發展（頃接台南施君來信，彼編完民評，亦謂經常虧所可見推銷尚須推進），如以港幣百元之數轉贈君章，亦可稍補其困乏。惟若如陳君來函分社按月虧短，則此項數字此間亦甚難調排，如何之處，尚祈酌奪函示為要。拙著宋明理學概述已可於本月寄出，集知諒并閱。專此順頌

新禧

弟穆拜啟 一月十一日

總此改治渭先論已到，如台中方面分發不敷，盼經函韓雲濤兄索取，準則分發完了便不再有也。又及

順頌

新禧！

弟穆拜啓

（一九五三年）二月十七日

《歷代政治得失》諒已到，如臺中方面分發不敷，盼徑函韓雲濤兄索取，遲則分發完了便不再有也。又及。

佛觀兄惠鑒：

今日接奉十七、十八兩緘。適百閔兄晚間來校，當邀君毅、丕介傳觀討論。弟等意見：分社業務必求打開，一則在港銷路有限，既費了公家款項，理應在業務上力求開展；二則爲本社經濟稍留寬裕活動之餘地。故此事爲公爲私，總期能較今日有更進一步之努力。惟負責人選確難物色，弟等對此殊無成見。茲分述三項辦法，求兄同意：

（一）最好由兄提出一人，弟等無不贊同。

（二）或將此間金君達凱調去分社，以資熟手。彼仍可照此間薪額支付，在其生活上不受影響，並以港幣在臺使用，可稍寬裕。此間則力求撙節，不更添人，如是可對社中開支省一項目。惟此事尚未徵求達凱之意見，兄儻贊成，再與達凱商之。

（三）最好是第一項；若第一項兄不提人，則第二項。如兄不謂然，或達凱自己不願，則弟等之意，請張曉峯就近推薦一人，主持分社社務。此層亦先徵兄之同意。

弟等本意，只爲求《民評》繼續，勿致半途夭折，故在此共同負編纂之責。至分社方面，弟等鞭長莫及，故盼兄仍多分心力。上述三項辦法，亦僅供兄參考，作最後之決定。弟意一切總以《民評》爲重，各人意見，均應盡量坦白提出，惟最後決定之權，則最好歸之直接負責人。此間編輯方面，即照此辦法，弟等只貢獻意見，一切決定，全由百閔。最好分社事由兄作最後決定人，如此在臺在港各有負責人，庶事業可有進展。弟則只把此間諸人意

見轉達兄處，亦將分社意見轉達此間仝人。似如此較於社務有利，不知兄謂如何？務盼早復，以免此事之久懸。餘不多及，即頌

新禧！闔第均此！

兆熊兄便見，幸代道念。至要至要！

弟穆啓

（一九五三年）二月廿日夜十二時

分社經費總盼能自給自足。人選決定後，其如何推進銷路，仍需熟商，弟等亦必多所盡力。惟兄對此事，似不宜不多負責任，因此間遥爲指揮，一切不便也。

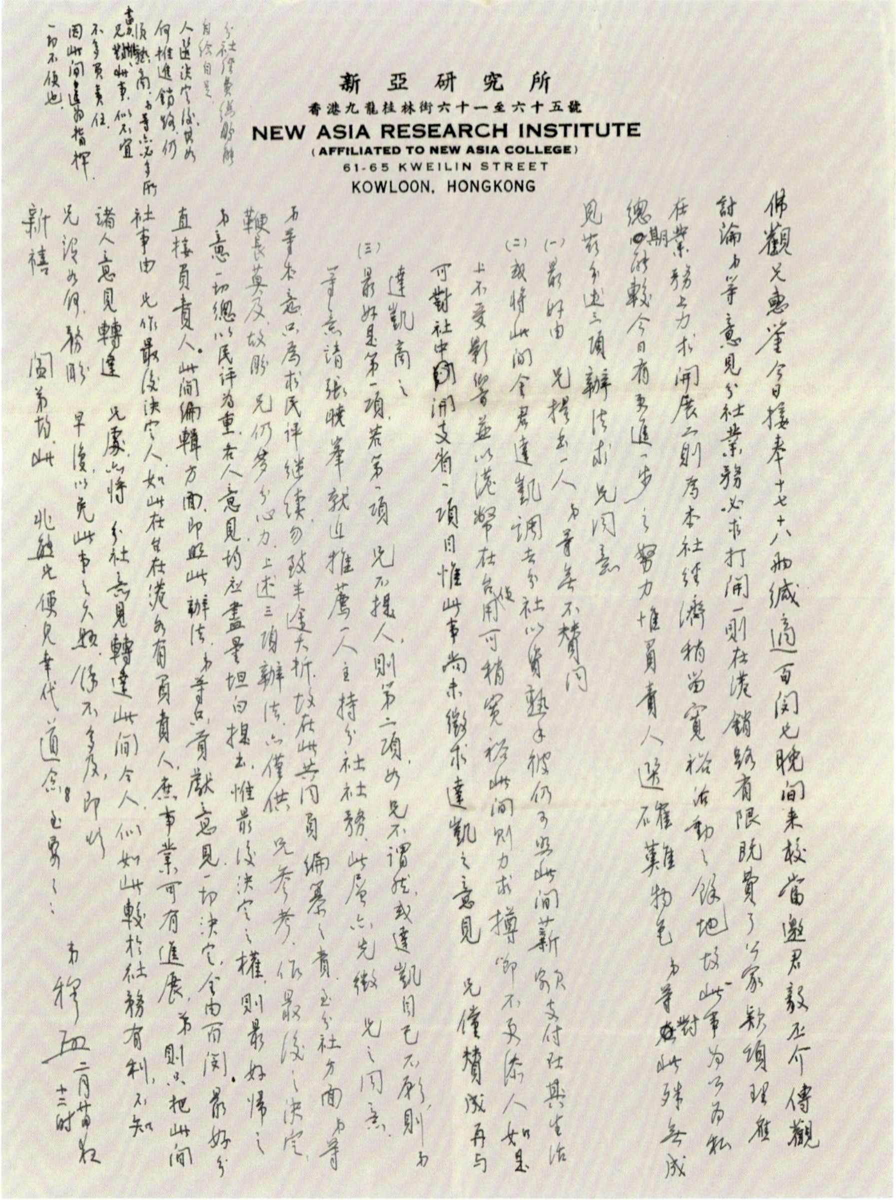

新亞研究所
香港九龍桂林街六十一至六十五號
NEW ASIA RESEARCH INSTITUTE
(AFFILIATED TO NEW ASIA COLLEGE)
61-65 KWEILIN STREET
KOWLOON, HONGKONG

佛觀兄惠鑒：今日接奉十七、十八兩緘，適百閔兄晚間來校，當邀君毅、丕介、儔觀討論。弟等意見，分社業務必求打開，則在港銷路有限，既覺了公家款須理難，在業務上力求開展，亦則為本社經濟稍留寬裕活動之餘地。故此事為公為私，總期能較今日有更進一步之努力。推員責人選，不難物色，弟等對此殊無成見。茲分述三項辦法，求兄同意：

(一)最好由兄提出一人，弟等無不贊同。

(二)或將此間全君達凱調去分社，以資熟手，彼仍可與此間薪水支付，助其生活。此不受影響，並以港幣在台使用，可稍寬裕。此間則力求撙節，即不另添人。如是可對社中開支省一項目。惟此事尚未徵求達凱之意見，兄儘贊成，再與達凱商之。

(三)最好是第一項，若第一項兄不提人，則第二項如兄不謂然，或達凱自己不願，則弟等意請張曉峯就近推薦一人主持分社社務，此層亦先徵兄之同意。

弟等本意只為求民評繼續，勿致半途夭折，故在此共同負編纂之責，至分社方面，弟等鞭長莫及，故願兄仍多分心力。上述三項辦法，亦僅供兄參考，但最後之決定，弟意一切總以民評為重，各人意見均應盡量坦白提出，惟最後決定之權，則最好歸之直接負責人。此間編輯方面，即照此辦法，弟等只貢獻意見，一切決定全由百閔。最好分社事由兄作最後決定人，如此在台在港各有負責人，庶事業可有進展。弟則只把此間諸人意見轉達兄處，以備分社參考。轉達此間今人似如此較於社務有利，不知兄以為何，務盼早復，以免此事久懸。係不多及，即頌

新禧

閔弟均此。兆熊兄便見幸代道念。

弟穆上
二月廿日 十三時

分社經費須能自給自足。人選決定後，其如何推進銷路，仍須熟商。弟等完全不負分社業務責任，兄對此事似不宜不多負責任，因此間遠為指揮，一切不便也。

佛觀吾兄大鑒：

今晨發一緘，諒先到達。午間《自由人》由王雲五請客，許多人都詢及吾兄，弟以閉户讀書告之。傍晚包君來，談及桂君極願幫忙，惟正式出名與否須考慮。緩日弟當去看孫君，不知亦能相助否。接君毅來信，仍勸弟留港，此間交與人辦，彼輩在港者頗不瞭此間情形也。原函附閲，惟兄切勿去信對此事有所陳述，當候弟返港，婉曲道達。深恐彼輩知弟擬返臺久留，又生擾動，故須俟弟返再相機安排也。此間覓人相助，恐須費一番考慮。士選最合理想，然恐不能分身。毅成雖能幹，然政界服務太久，弟終嫌其太活動，欲求安心辦學恐不可能，將來仍盼能有安居不動者。求經師已難，求人師更不易，弟殊爲此心憂。

蒙能念我，甚爲感切。

（一九五三年）三月一日夜

弟宇

佛觀兄惠鑒：

四月十九日來示拜悉。宋允君兩文亦過目。第一篇所論較是小節，宋君自己認爲可不發表，則以不發表爲是。第二篇評胡先生論學關係實不小，態度亦無浮薄尖刻、俏皮刁酸種種之時代病。弟意提倡批評風氣，此事甚不易，因大家都是講空話，實際上則並無可批評。惟宋君既有此兩篇，似不應瞻前顧後，全擱棄了。至於人之不諒，牽連説閒話，則更非所當慮。兄於政論肆所欲言，而於學術討論，似太持重。弟意《民評》刊載宋君文，亦可一測時人之氣度與風向也，因此，仍將原稿交去了。

弟最近發意譯《論語》，將在《人生》上逐期刊出，諒兄已見，極盼指示。此乃初稿，當不斷修正也。惟恨人事牽雜，不能一意專心寫，只偶捉暇，隨時寫一兩條，勢不免有疏失，故更盼多方指摘，盼絡續改定耳。遇相知，亦盼以此意代請人留意，並指示之。至囑至囑。匆頌

近安！

弟穆啓

（一九五三年）四月廿九日

尊函乃十九發而過了十天始到！未知是何故。

臺南施之勉先生盼按期送閱《民評》。

其通信址：

臺南東門路光華街23號棉麻繁殖場。

新亞研究所
香港九龍桂林街六十一至六十五號
NEW ASIA RESEARCH INSTITUTE
(AFFILIATED TO NEW ASIA COLLEGE)
61-65 KWEILIN STREET
KOWLOON, HONGKONG

尊函乃十九發而遲了十天始到　青松先生同收

佛觀兄惠鑒：四月十九日來示拜悉，宗允君兩文亦過目，第一篇所論較是小節，宗君自己認為可不發表，則以不發表為是。第二篇評胡先生論學，關係實不小，態度亦無浮薄尖刻偏頗之習，殘積積之時代病。弟意提倡批評風氣，於此事甚不易，因大家都是講空話，實際上則並無了批評。惟宗君說有此兩篇似不應聯為續後全擱棄了。至於人之不諒，牟連說簡話則更非所當慮。兄於政論肆所欲言，而於學術討論似太持重。弟意民評刊載宗君文亦可了一則時人之氣度與風向也。因此仍將原稿交去了。弟最近發表之譯論詩將在人生上續。胡刊出後兄已見相聯。指示此乃初稿，業不斷修正也。惟恨人事牽雜，今稿之意未心寫出，保接隨時寫之，而條勢不免有跡失，故兄所多方指摘，所論缺處在過相知亦所以此意代請人留意並指示之。至禱至禱！一安好

近安

弟 毅 四月廿九日

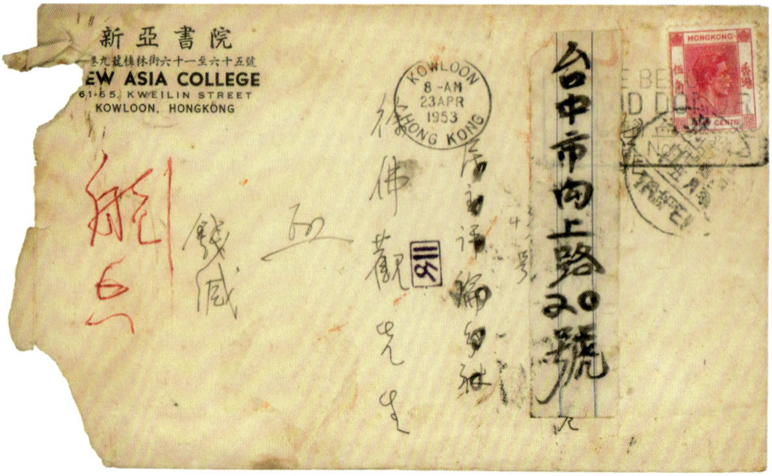
新亞書院
EW ASIA COLLEGE
61-65, KWEILIN STREET
KOWLOON, HONGKONG
KOWLOON
8-AM
23APR
1953
HONG KONG
台中市內上路20號
徐佛觀先生
HONGKONG
錢

台北
TAIPEI

台南施之勉先生盼按期送閱民評

其通信地

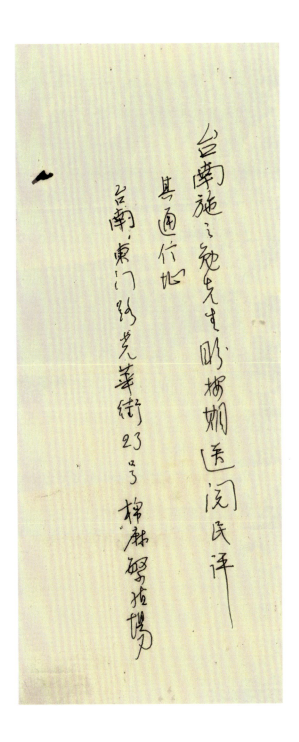

台南東門路光華街23號 棉麻紡織場

佛觀吾兄惠鑒：

四月廿八日來書奉悉。大稿《論陸宣公》一文已拜讀，備極欽欣。惟弟素有一意見：評史與論時事不同，論時事可引史，論史可針切時事，然各有主腦，不宜相混。宋儒如蘇東坡，論史往往影射時事，借題發揮，此乃一種策論體，在當時已不爲上乘，乃史家所不取。司馬温公、歐陽文忠公論時事皆極剴切詳明，而論史則專在客觀方面就史論史，不根據自身時代發議，故《新唐書》各志及《通鑑》皆爲治史者重視。一是史學，一是政論，此兩者絶不同。尊文似總着意在政論，分之則兩美，合之則各有所未盡。鄙意如此，未知然否？

《論語》要繙白話，洵難與原文神旨恰合。只圖爲一般讀者引路，僅成《學而》、《爲政》兩篇，刻在此兩篇中已屢有改易。《人生》刊出後，再一細看，便發覺有許多不妥處。擬盡兩年力勉成初稿，不知究如何，極盼隨讀隨有所指摘耳。

國文必讀，弟廿年前即有此意。鄙意擬編一新《古文辭類纂》，收羅須廣，大、中學教國文儘就此取材。惟此事亦不易急就，在此少書，更難着手也。莊遂性兄時時念及，盼轉達相念之情。匆復，

順頌

近祺！

弟穆啓

（一九五三年）五月四日

《民評》尊編兩期漸有趨向，盼仍繼續，不宜又有更張。丕介已見尊函，彼對《民評》事已堅決不再主編，甚難挽回。若由君章編，仍是在臺北發稿，自然遠不如仍由兄主持爲是。除非主編人仍轉來港九。若在臺編，兄自最適。惟港九除丕介、君毅外，急切想不到相當人，而此兩人皆堅決不肯應。弟看只有仍由兄主編爲宜。

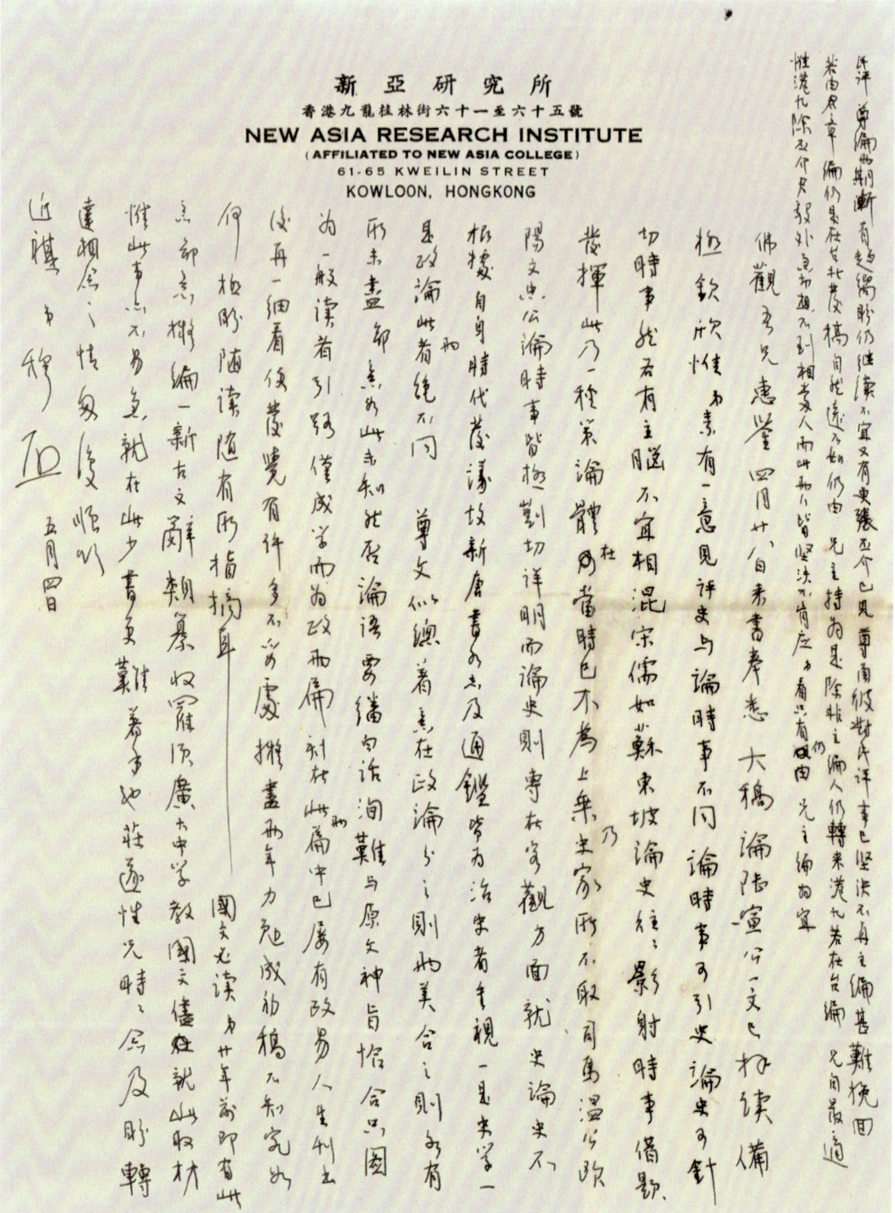

新亞研究所
香港九龍桂林街六十一至六十五號
NEW ASIA RESEARCH INSTITUTE
(AFFILIATED TO NEW ASIA COLLEGE)
61-65 KWEILIN STREET
KOWLOON, HONGKONG

佛觀吾兄惠鑒：四月廿八日來書奉悉。大稿論陆宣公一文已拜讀，備極欽佩。惟弟素有一意見，評史與論時事不同，論時事可引史，論史可針切時事，然若有主腦，不宜相混。宋儒如蘇東坡論史，往往影射時事，借題發揮，此乃一種策論體，在當時已不為上乘，乃史家所不取。司馬溫公、歐陽文忠公論時事皆極剴切詳明，而論史則專在客觀方面就史論史，不枉攙自身時代發議，故新唐書亦及通鑑皆為治史者重視，一是史學，一是政論，此兩者絕不同。尊文似嫌着意在政論，分之則兩美，合之則各有所未盡。鄙意如此，未知然否。論語要譯白話，洵難與原文神旨恰合，只因為一般讀者引路，僅成學而、為政兩篇，對於此兩篇中已屢有改易，人生利去，後再一細看，後覺有許多不必如處。擬盡兩年力起成初稿，不知究如何？極盼隨讀隨有所指摘耳。國文尤讀，弟廿年前即有此意。鄙意擬編一新古文辭類纂，收羅須廣，大中學教國文儘在就此取材。惟此事亦不易為，就在此少青年難誰着手。如莊遜性兄時時念及，所轉達相念之情，易復順頌
近祺
弟穆 啟
五月四日

評弟編此期斷有起稿，仍繼續不宜又有更張，至今已見尊函後對於評事已堅決不再主編，甚難挽回。米尚君原章編仍是在台北發稿，自然遠不如仍由兄主持為是。除非主編人仍轉來港九，若在台編，兄自最適。惟港九除君仍只設外，急切難以找到相當人，而此兩人皆堅決不肯應，弟看只有仍由兄主編為宜。

復觀吾兄大鑒：

旬前獲手書，懶未即復爲歉。昨日得讀嚴靈峯君對拙文《莊老通辨自序》有所駁難，此文兄當先已見過，弟擬暫不作答，即囑《民評》將嚴文單獨發表。兄或另有意見，甚盼繼嚴文發表，以引起其他方面之興趣與討論。惟弟對此問題，則暫不擬有所答辨，因最好之答辨，應已包蘊在拙著之内，其更有力之答辨則爲莊、老原書。此等事見仁見智，縱説有證有據，其實仍多討論餘地。閻百詩《尚書古文疏證》豈不已成爲學術界定論？然清代討論此問題者，直綿歷至同、光之世，不僅西河毛氏一人持異見也。又如歐陽永叔疑《十易》，豈不至今仍多把《十易》認爲孔子之思想者？故知遇此等處，考據之學一如義理，可以歷久争持，並不是有了證據，即得成定論也。此層弟已於《自序》中特别提出。若拙著刊行，遇一異見即須作一答辨，此實於事無補，徒成自困耳。弟於嚴文所以不願答辨者在此。如兄與彼通訊，亦懇將鄙意轉達。緣近人意見，認爲遇人對其著作有異見而置之不復答，即爲傲慢，其實不然也。

《民評》事已有希望，或竹璋已有函告其詳，須緩幾日再以奉聞。專此，順頌

近祺！

弟穆頓首

（一九五三年五月）十七日

佛觀吾兄大鑒：

七月六日惠示敬悉。穆因驟感溽暑，體力不支，頗思轉來臺中，去日月潭静攝兩月，然此間校務羈身，恐難如意。惟戒除閱書撰文已及兩週，精力漸復，似亦不致有病也。囑帶存物，如能治裝，自當如命。然恐終不能來耳。匆復，順頌

近祺！

弟錢穆拜啓

（一九五三年）七月十一日

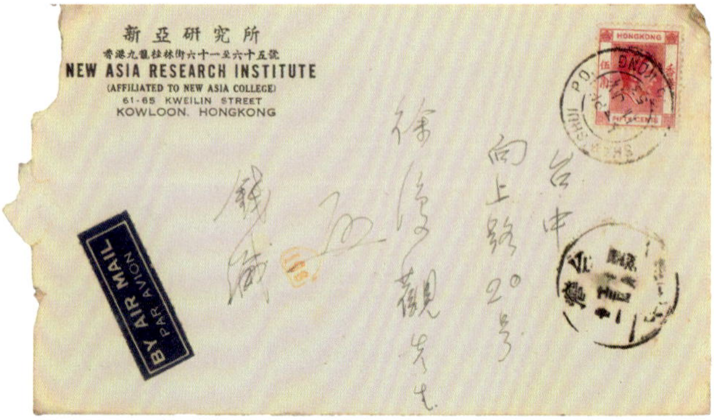
新亞研究所
NEW ASIA RESEARCH INSTITUTE
(AFFILIATED TO NEW ASIA COLLEGE)
61-65 KWEILIN STREET
KOWLOON, HONGKONG
BY AIR MAIL
PAR AVION

新亞研究所
香港九龍桂林街六十一至六十五號
NEW ASIA RESEARCH INSTITUTE
(AFFILIATED TO NEW ASIA COLLEGE)
61-65 KWEILIN STREET
KOWLOON, HONGKONG

佛觀吾兄大鑒：七月六日惠書敬悉。弟因
歸感得暑熱，力不支，頗思轉來台
中去日月潭靜攝兩月，往山間。
校務羈身，恐難如意，惟或除
閱書報文已及兩週，精力斷續，似
亦不耐有所構也。擬帶拙著多種
俟暑後當出命，然此後之編
來函所屬，順此
近祺
弟 錢穆 拜啟 七月十七日

復觀吾兄大鑒：

垂示敬悉。關於《六祖壇經》，弟曾有駁胡一文，曾登載《東方雜誌》。然弟在臺遍訪未得，重慶刊。恐一時難再見。關於净、禪合流，尊旨極是。此層最好讀明代僧人書。關於禪與理學關係，鄙意謂禪宗下開宋儒則可，謂宋儒全本禪宗則大不可。弟曾論羅整菴《困辨録》，頗於程朱陸王與禪學異同有所發明。前在《思想與時代》有關禪學之論文數篇，論《困辨録》者亦在内。弟曾細看《指月録》全部，因於禪學流變粗有所得，惟近著《宋明理學概述》於此一層殊少細辨。因著書各有體裁，弟向於此注意，不欲凡所藴積，罄竭出之，此意近人知者甚鮮也。

兄能對此事加一番探索，甚於唐宋下學術有大關係，然最好能多看日本版《續藏》，有極多材料未經近人注意闡發者。若專看别人所搜集之材料，終有缺陷耳。關於中國近代史，李君定一新出書實甚佳。此君誠聰穎，此書實勝出時流，可試一閱。前在大陸曾見武波筆名一近代史，其人乃左派，觀點雖不足取，然亦佳著，恐在臺不易見。大抵外交方面此兩書已夠。學術思想方面，拙著《近三百年學術史》已盡其大端。政治方面，弟《國史大綱》雖語焉不詳，然綱宗已舉。經濟方面最難整理，未見佳者；然恐在農院教此課，亦不煩在數字統計上多所費力也。弟意教此課，最好能在晚清以來一輩士大夫觀念上之逐步轉變與對内對外一切改革之逐步推進，而終未有所成就，事態羅陳，内理亦顯。此層從未有人注意用心過，此謂所論皆未入細。私意兄若能由此教課之便，細心推導，實較治禪學更於兄之興趣上、才性上及對時代貢獻上有方便處，如郭定一近代史僅廣羅材料，終少一語破的之處，較之李君書實爲遜色。世多耳食，鄙見或不易取信，弟亦非阿私所知也。

民國以後，有李劍農《近三十年史》一書可看。教此課不宜太求詳密，須扼要陳述數大端，如洪楊，如雅片戰争，如拳亂，如戊戌政變，如辛亥革命，如洪憲稱帝，如五四運動，如北伐，如抗日，如赤化，只把握此諸要點透切發揮，政制、學術、思想、經濟種種都因便論述，不宜各各分章，轉嫌乏味。聽者必易接受，其他暫可從略。大凡教一課，必須連教幾年，始能逐一涉及。總之，能以讀書方法教書，無不成；因於要教書而讀書，則無不敗。兄儘可借此鞭策自己，讀一番近代史，斷無不勝任而愉快也。前託帶衣服，擬託劉百閔兄帶來。白蘭地今天囑人上街買一瓶，即以奉贈。

弟穆頓首

（一九五三年）七月廿七夜

復觀吾兄大鑒：

蒙惠譯稿，已通體拜讀。惠書亦到，所論《宗鏡録》意主匯通，自不爲專家所重也。《民評》各期稿，均充實達水準。弟在此亦當遇便要稿，總期能常如此數期分量爲佳耳。

近撰《孔子與春秋》一長文，有兩萬字，將在港大研究所刊出。此稿自問對今古文問題更有持平之見地，年事稍多，心氣漸平實，所見更深入，竊心自喜。然生活太忙，沉不下心，不能精心結撰。昨夜偶看三十年前《論語要略》，實覺當時所闡發，有勝於今所撰寫之《新解》，亦因用白文終不能出色，其他原因則年輕時精神專注，不如此刻之時掉以輕心也。若《論語要略》一稿得暇能細自校改一過，當可成一佳作，不知尊見謂如何？此稿收《四書釋義》中，最近已在臺出版。至《孟子》一稿，已不如《論語》遠甚矣！即如"大車無輗，小車無軏"一章，《要略》中所闡述已甚純浄，然讀者終於忽略，或不易懂，《新解》另用白話體，或可更明白，然弟意終不如《要略》文字之明潔。兄試細看此兩條，告以尊見。或不與《新解》相比，《要略》之明浄處，終不易得一般讀者體味也。讀書人日少，實苦無從著書矣！近作《孔子與春秋》深感或不易得讀者，語繁不殺，專從淺顯處落筆，亦不得已也。此稿下月付刊，候書出當奉正，或兄甚可欣賞此文。

本期《民評》有弟《老莊政治思想》一篇，亦應張曉峯囑寫，因先刊於《民評》，然此文草率寫，殊未愜意耳！即頌

闔第潭吉！

弟穆啓

（一九五三年）廿五日

弟甚盼兄能多譯幾種日人研治中國學之書，一面對社會有助益，一面亦爲兄自己潛修之一項確定工作，似較泛覽專寫雜文爲得，不知尊見爲何？又及。

佛泉各文甚好，盼多要稿，甚不易得，萬勿輕忽過。三及。

復觀先生惠鑒：

病中疊奉損書，至以爲感。頃來學校已迫開課，而賤恙亦告平復，大概勞碌之命，不該休息，以病代閒，殆出鬼使故事到即健壯耳。承告喬遷新居，想闔第同多樂意，恨無緣在場，同此佳興。諸兒女奮發向學，並懂做人，更以爲慰。囑徐君澤予帶奉美鈔兩伯，收到幸賜一字。匆此，順頌

秋安！

弟穆拜上

（一九五三年）九月廿三日

頌喬兄久未通候，至以爲念，便中務爲道意相念，至囑至囑。弟又及。

新亞書院用箋

頌喬兄久未通候至以為念便中務為道意相念至懸懸 弟 穆 又及

復觀先生惠鑒 病中疊奉
損書至以為感 頃來學校已迴開課而賤恙亦
告平復 大概勞碌命不該休息以病代閒所
幸免使故事則仍健壯耳 承告喬遷新居
想 閤第同多樂意 恨無緣在場同此佳興
諸兒女奮發向學並特傲人更以為慰 囑徐君
澤予帶奉美鈔兩佰收到幸賜一字 匆此順頌
秋安 弟 錢穆 拜上 九月廿三日

九龍深水埗桂林街65—66號

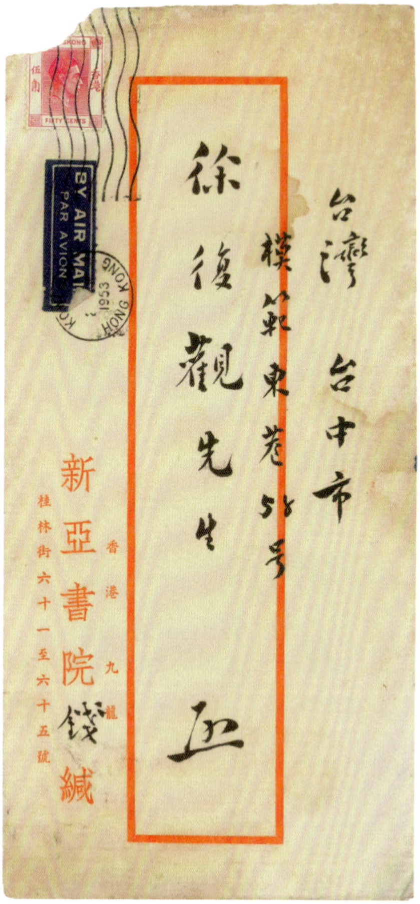
台灣 台中市
模範東巷58号
徐復觀先生
啟
新亞書院
香港九龍
桂林街六十一至六十五號
錢緘
BY AIR MAIL
PAR AVION
HONG KONG
1953

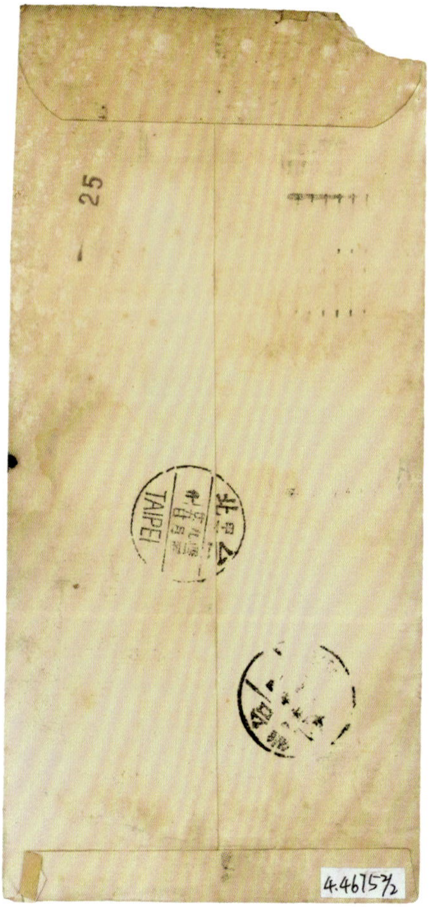
25
TAIPEI
4.4675/2

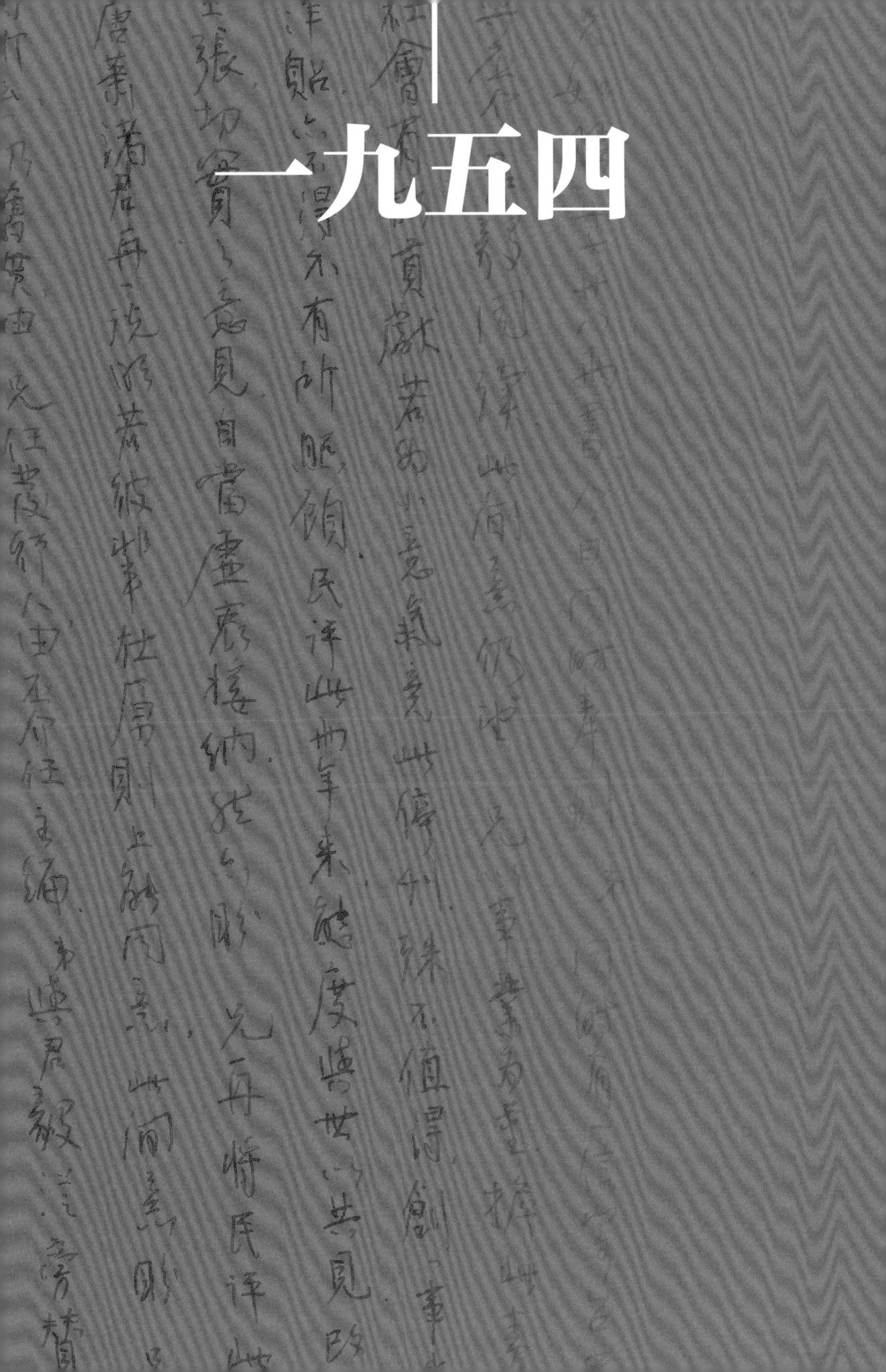

一九五四

佛觀吾兄如晤：

此半年來時時而病，殊疏啓候，然此心實無時不縈迴於左右也。此數日來病又發，極狼狽。適卧床，獲誦手札，一時興奮，起而作復。

前讀《自由人》大著，備極欣快，適亦病，未道衷懷。來字提及胡氏禪學各篇，猶憶十年前在成都病榻，偶繙其論《六祖壇經》，并唐人文字原義亦誤解了，因絡續於病中草一文駁之，其時也參考了許多書，只有一種在漢藏中未檢出。那時病情較今年嚴重得多，猶能於病中撰文，即《政學私言》亦病中作。今年病並不重，然十年以來，精力大非昔比，思之慨然。拙文猶有存稿，當緩兩日檢出，囑人鈔一篇寄奉。

弟此數年來爲新亞耗精太多，病中思之，恐非久計，極欲擺脱，候體力稍復，再以出身，然此間事亦甚難擺脱，真焦人也。

伯莊尚在新亞教書，時相晤面談學，只不談到胡氏身上，以其先入之見太深，無可告喻耳。然足下《自由人》一文，極聞有贊譽者，即如梁均默等，平常亦不甚致意學術，然於尊文亦謂有理，可見針砭文字，於時亦有效，是非所在，有時不容緘默也。本擬在《民評》特刊撰《學弊》一篇，就大處指陳時下數十年來學術弊病，乃以體況如此，始終未能下筆，即恐下一期，仍難寫出耳。

楊君愷齡亦寫一文爲稚老辯護，擱在案頭，未以付《自由人》，擬緩數日璧還了事。此間爲胡氏競選副座，弟始終未下一筆，只公函胡，有弟簽名。再三思之，如彼能出膺副席，或於當前局面稍可有開展之望，然此事須從前後六年著想，則恐書生誤國，更

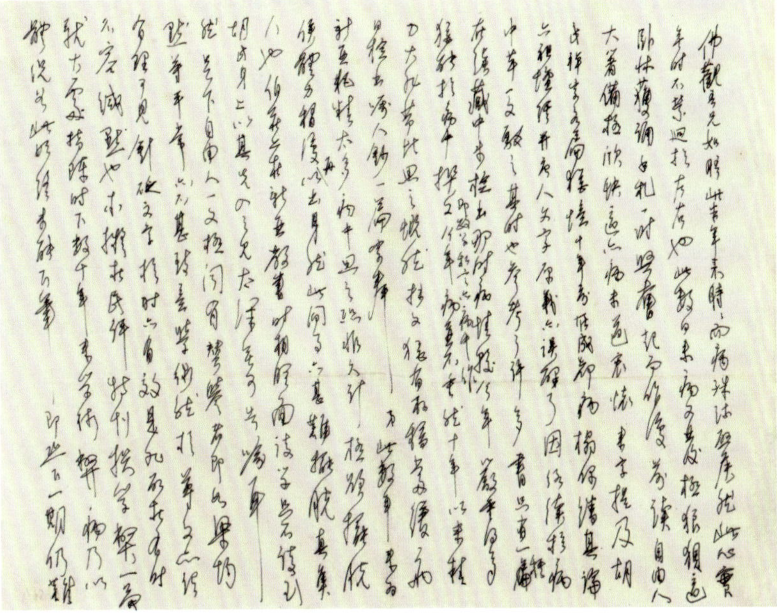

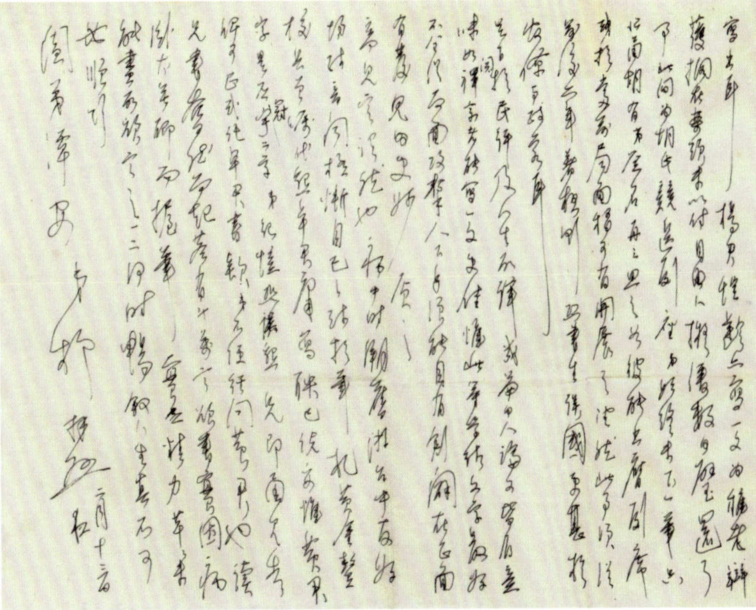

PAR AVION
AIR MAIL
CORREO AEREO
KOWLOON
8-AM
13 FEB
1954
HONG KONG
台灣
台中市
模範東巷
58
佛觀先生
香港錢緘

TAIPEI
4.4656 3/3

甚於官僚與政客耳。

足下於《民評》及《人生》所譯幾篇日人論文，皆有意味。如關禪宗者，能寫一文更佳。惟此等學術文字，最好不全從反面攻擊人，下手須能自有創闢，在正面有發見爲更妙。質之高見，定謂然也。病中時溯舊遊，臺中友好均疏音聞，極慚自己之疏於筆札。黄金鰲校長曾囑代懇卓君庸寫聯，已説妥，惟黄君字是否冠宇二字，弟記憶恐誤，懇兄即函見告，俾可正式託卓君書款，弟不便徑問黄君也。

讀兄書，奮然而起，若有千萬言欲書，實因病卧太無聊，而握筆實乏精力，草草未能盡所欲言之一二，何時暢叙人生，真不可必。順頌

闔第潭安！

弟穆拜啓

（一九五四年）二月十三日夜

佛觀吾兄大鑒：

前書諒已到。拙稿《神會與壇經》，兹録出寄上。該稿係病中所成，以後對此公案極少繼續推究，及今追讀，未能細究者尚多，並恐有錯誤處，足下方注意此事，盼細賜糾繩。舊稿紙已破爛，此稿並盼保存，仍以寄回，至囑至囑。13頁引《續高僧傳》記思禪師一語，有脱字，不可辨認，亦未及借原書檢補，盼便代爲補足。其他不知尚有誤鈔否。因經幾手輾轉鈔之，非對原文不能必其無譌也。所論如禪宗與天台關係等均未入細，不知東邦著作有何發揮？如此複雜的問題，而胡氏輕輕以“自由捏造”四字判爲定案，真所謂既妄且庸，而居然爲一時之鉅子。若使歸熙甫復生，恐當歎其妄庸更勝於彼前所歎也。並世無英雄，遂使豎子成名，此亦一時學術界之羞恥事矣。今日見晚報，副總統當選陳辭公膺之，胡君復此間友人書，並非不欲爲，然求不落痕跡，自然得之。政治途中，寧有此等奇跡耶？殆其成名之易，故謂一切事皆可如此成之耳。

弟連日體況較勝，然仍不能做事，到暑中極盼再來臺，獲數月轉换環境，得一好休息，否則真見老邁不可挽回矣。前詢師校黄金鰲校長字是否爲冠宇，盼早復，至感至感。專此，順頌

近祺！

弟穆拜啓

（一九五四年二月）

拙稿另郵寄奉，收到盼復。

近思政治全屬行動，決非空論所能成事。盼兄多移精學術論著，勿多浪費筆墨於政論，所繫實大，非僅私所盼禱也。又及。

觀兄足下：

病中枯寂，即晚連獲故人兩札，爲之神旺。東海事，弟絶無此意，萬勿提及。即大駕，苟非彼方竭誠延攬，亦勿輕入。此中有甚深義旨，惜病嬾未能罄竭耳。

舊作《神會與壇經》已於今晨付郵，若須留案頭則儘留下，若不須留，盼仍付回。因底稿已破爛，不能復存也。足下謂神會乃一壞和尚，不期慧眼一語説破。拙文只詳事狀，不置臧否。雖是渾厚，然讀者未必能自此窺入。弟常謂足下乃聖門子路，弟則僅堪儕游夏，姑相稱道，以博一粲。

來臺休養，至早當在暑假前，此刻無法脱身，老來獨居，洵是苦事，然此亦非急切所能撩摸。足下相愛之意，則極感荷。

《學弊》一文，病中偶然構思，竊謂有大議理，俟病復再草出。然即今追溯，已非當時意境。有些文章，最好意到即書，稍縱便逝去矣。然積久出之，則義理深厚，少偏激放蕩，而感人之力微弱。得失相乘，甚難判其孰佳孰惡也。論學論政，固可分途，然生心害政，其理仍一，此處不知尊意爲何？匆復，順頌

闔第安好！

弟穆啓

（一九五四年二月）十九日

冠宇兄囑在此懇卓君庸書聯，不日當去面求，盼便轉達。

病中讀《民評》百期特大號，剛伯論西方政制，確有見地，

惜其行文遣辭，未脱時下惡習。“不學詩，無以言”，“温柔敦厚，詩教也”。將來反頽風，開正途，不僅當正學術，尤當端文風。此義知者不多，然非此終無以轉人心也。濟之一文甚闊大，實先攻擊鋭利。昔在北平，吴其昌初造《金文曆朔疏證》，惟陳寅恪能見其蔽，而陳君深藏不肯輕道人短長，因此與董君同事如此之久，而終無一言相規，則安貴有賢師友矣！所謂老馬識途，貴在告人此路不通，則省卻許多閑氣力。胡氏之害在意見，傅氏之害則在途轍，别有一種假癡聾人，亦不得辭後世之咎耳。偶再書此，聊當面聊。

伯莊絶未與弟提及兄書一言，彼亦甚難開脱也，然不失爲一書生，居常不廢筆札書卷，亦朋輩中一大難得人。

佛觀吾兄惠鑒：

手示奉悉。拙稿《神會和壇經》亦已收到。賤軀最近半月來日漸康復，承念至感。

兹有一可喜事奉告，自去夏耶魯史系主任盧定教授來港晤談，彼對新亞教育精神及理想甚感興趣，當時即互談及雙方合作計劃，直至最近彼方已派正式代表來港，大體已有成議。此事實開東西文化教育事業之一新頁，因西方人在中國辦學，全是教會學校，此次彼方承認新亞教育之理想，願斥資襄助，而新亞則一本原有理想做去。此事雖小，而彼方擺脱從來教會學校之作風，雖然仍以基督精神與新亞合作，然彼方亦承認此乃一革命性之開始也。弟及張、唐兩兄連日爲此事甚感忙六。今晚新亞教授歡迎耶魯代表，弟發言大體如上述，而耶魯代表全表同意。惟新亞此後仍本原宗旨，只辦小規模學院，不擬擴成一完全之現代化大學，以求素來精神之貫徹。關於經濟方面，雖不能云大幫助，然可省卻弟歷年之到處求乞。刻正爲建新校舍費腦筋。弟尤所欣喜者，此事成後，弟或可稍獲自由，否則弟爲新亞一重擔幾年心力交瘁，而道義上永不能卸肩，實甚感内心之苦痛也。若永遠爲新亞如前苦幹，再過數年，弟亦成一胸無點墨之廢人矣。此事弟實最所内疚者，至於詳情，容後續告。想四月内，美國耶魯方面即有一正式公開消息，到時港臺報紙當有轉述，此刻則仍盼不必宣揚耳。

所告藥針，弟從未用過，只以精神力苦撐苦過，大約最近似不致復發，稍後或如尊囑試用。此則可告慰者。

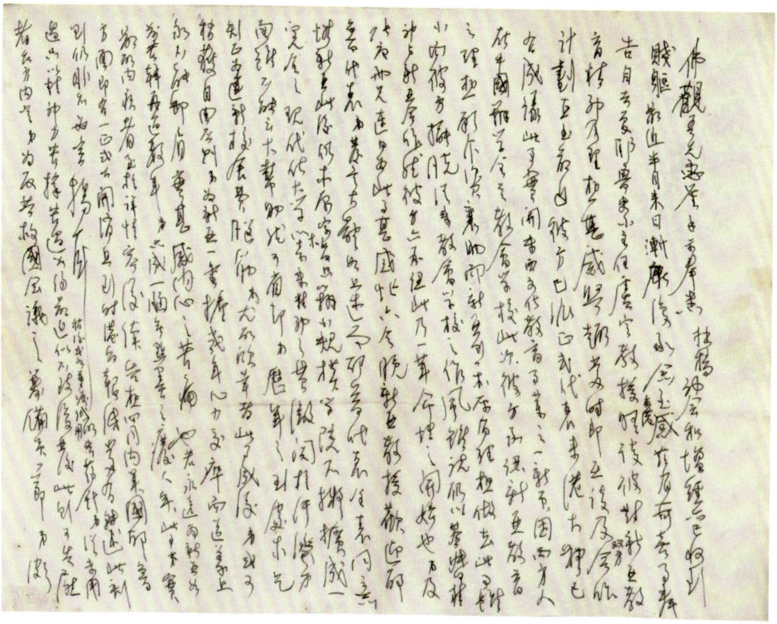

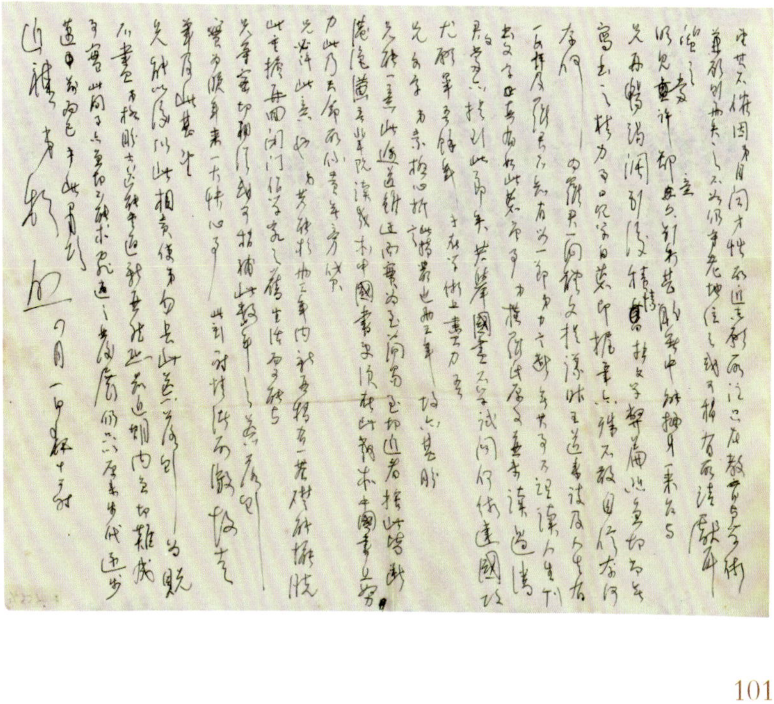

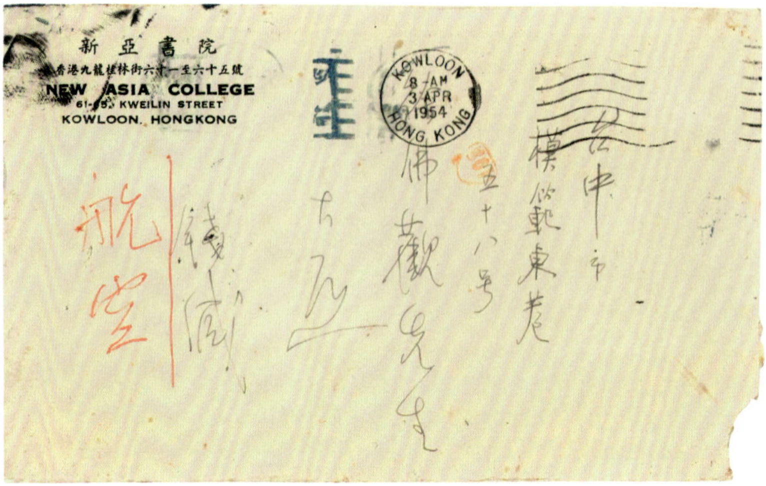
新亞書院
香港九龍桂林街六十一至六十五號
NEW ASIA COLLEGE
61-65, KWEILIN STREET
KOWLOON, HONGKONG
KOWLOON
8-AM
3 APR
1954
HONG KONG

4.4655 3/3

臺方内定弟爲反共救國會議之籌備員一節，弟頗望其不確，因弟自問才性所近，志願所注，只在教育與學術，兼顧則兩失之，不如仍守老地位之或可稍有所靖獻耳。質之明見，當許鄙意。久别矣，甚盼暑中能抽身一來臺，與兄再暢竭闊别後積悰。

拙文《學弊》篇恐急切尚無寫出之精力，事日冗，學日荒，即握筆亦殊不敢自信，奈何奈何！爲羅君簡體文提議，昨王道來談及，《人生》有一文評及羅君不知存留一節，弟力言斷無其事，不謂讀《人生》刊出文字，真有如此荒唐事。弟横羅氏原文並未讀過，潘君文當亦提到此節矣。若舉國盡不學，試問何術建國？故尤願畢吾餘年，專在學術上盡力。

吾兄文字弟素極心折，此指最近兩三年言。故亦甚盼兄能一意此途。道雖迂而實爲至簡易至切近者，捨此皆斷港絶潢。吾輩既讀幾本中國書，更須在此幾本中國書上努力，此乃天命所係，責無旁貸。兄必許此意也。

弟若能於兩三年内，新亞稍有一基礎，能擺脱此重擔，再回閉門作學究之舊生活，而可能與兄等密切相從，或可稍補此數年之荒落，則實爲晚年來一大快心事。此刻一時情緒所激，故走筆及此，甚望兄能以後以此相責，使弟勿長此荒落，則爲貺不盡。弟極盼士選能重返新亞，然恐最近期内急切難成事實，此間事亦急切不能求飛速之發展，仍只以原來步伐逐步邁前而已。專此，即頌

近祺！

弟穆啓

（一九五四年）四月一日夜十二時

佛觀兄如面：

大示奉悉。《陸學》一篇，又經改動，當更精采。所論朱子一節，此層深感難作短促之討論。弟對朱子思想，歷年以來時時若有所窺見，而終未到愜心自信之境地。自返港後，偶將舊稿《王守仁》一小書重看一過，乃覺其中講南鎮問答一條，較之此後所窺轉爲允貼。曾憶在杭州南路亦曾與兄談及南鎮問答，輕疑古人，妄發傲見。不謂自己在廿多年前，反而講得近情理些，可見聰明視德性涵養而高下，自慚學不長進，傲心日滋，甚自歉疚。此小書已在冗忙中抽看一遍，或可於最近期設法再版重行。幸而《宋明理學概述》及《中國思想史》兩書，並未將弟此數年來關於南鎮問答之妄見寫入，否則又要改寫，倍費周折矣！匆復，順頌

秋祺！

弟穆拜啓

（一九五四年）十一日

復觀吾兄：

惠書敬悉。賤辰蒙廣約作者撰文紀念，既感且媿。張君處今日已專函去申謝意。弟胃疾向痊，已近兩月，而最近天暑又發，總是事冗少休息，未能十分健復耳。深盼暑中能在臺轉換環境，略有休養。演講等事，求能力避。囑寫自述一篇，恐此一月内未能動筆。不識俟秋涼□□下筆否。然自問實無足告人者，惟少時有一二友好，頃皆不在人世，頗欲撰文略爲傳述。至自己，則只有“喫苦力學”四字，自問是做到了。其他實一切無足道也。

弟擬課畢即於七月間來臺，在臺北稍有勾留，必轉來臺中。闊別兩年，有許多話非面莫盡。儻有一日夜之長談，庶可竭其所欲言也。

此間半年來已有每月港幣千元買書，下學期大約仍可繼續，惟此項書籍須另捐入一圖書館，此圖書館或可較勝於港大者。新亞一切詳情，均候面詳。

匆頌

暑祺！

弟穆拜啓

（一九五四年五月）廿八日

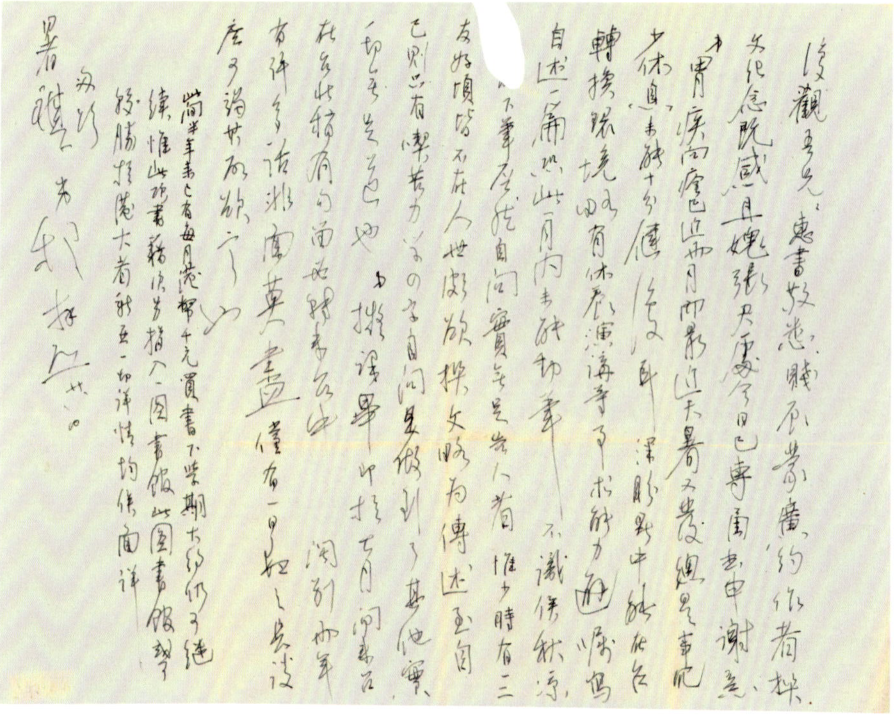

復觀吾兄：惠書敬悉。賤辰承嵩壽，約作者撰
文紀念，既感且媿。張丕介兄今日已專函去申謝意。
弟胃疾尚痊已近兩月，而新近大暑又發，總是事忙，
少休息，自未能十分健復。昨深盼暑中能於台
轉換環境，略有休息，而演講等事求能力避，懷為
自述一篇，恐此月內未能動筆，不識俟秋涼
下筆否。能自問實無足當人看，惟少時有二
友好頃皆不在人世，此次欲撰文略為傳述，並自
己則只有樂苦力學之字自問足假到了，其他實、
一切無足言也。弟擬課畢即擬七月間來台，
在台北稍有句留，並將來台中，闊別兩年
有許多話，非筆墨能盡，僅有一日起之長談
座下論共所欲言之言也。
嵩半年來已有每月港幣十元買書，下學期大約仍可繼
續。惟此項書籍須為指入一圖書館，此圖書館望
能勝任，總而大者新亞一切詳情均俟面詳。
匆頌
著祺
弟 錢穆 拜上 廿六日

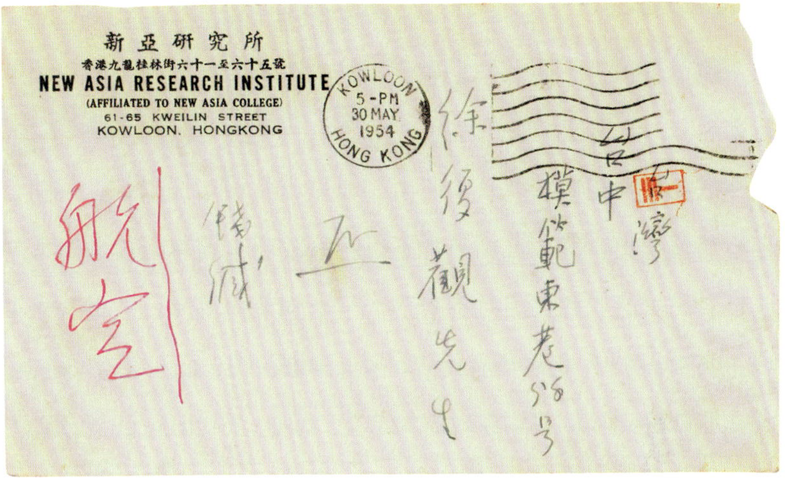
新亞研究所
香港九龍桂林街六十一至六十五號
NEW ASIA RESEARCH INSTITUTE
(AFFILIATED TO NEW ASIA COLLEGE)
61-65 KWEILIN STREET
KOWLOON, HONGKONG
KOWLOON
5-PM
30 MAY
1954
HONG KONG
台灣
台中
模範東巷
徐復觀先生
錢緘
正
航空

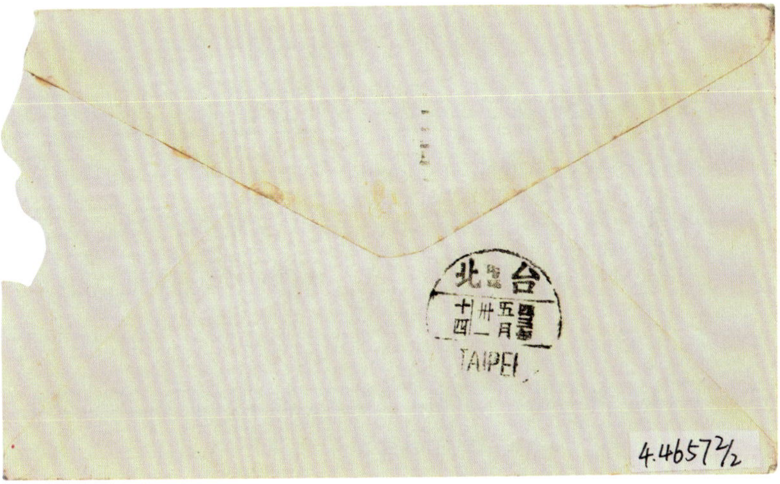
台北
TAIPEI
4.46572/2

復觀吾兄大鑒：

接奉近示，不勝欣忭。自病以來，久不撰文，《中國一周》屢來函催，不獲已，成此薄篇，乃蒙印可稱道，實資奮興。

猶憶平日相聚談及政治所由，與兄相左者不出兩端：一則弟存心爲舊歷史辨護，二則弟常不以將來政治出路專以模倣西方現成格套爲可能。此文虛懸不著落，全未觸及此兩點，故爲吾兄讚許。若繼此而往，仍恐得有從容，須再詳細往復，始可會歸一是也。此文本無題，即以"我對新政府的希望"爲題，至刊出題目，乃爲《中國一周》所加。自讀尊函，再將原文自看一遍，終覺迂闊平腐，若切實針對現況，刺激人心，較之兄所抒寫，終不能及，此乃才分所限，難可勉强，故平常終不願挑此等題目下筆耳。其實弟文仍不脱爲古人辨誣，如"爲民父母"，"作之君，作之師"之類，只臨時筆下收束，未經暢盡。此乃心中久久所鬱積，故一提筆，即涉及精神，既不專對在現實政治上，則文字終鮮力量。故知無論作文做事，均須心中一無所有，空蕩蕩地，乃能見精采。弟知有此境，未能企及，尤其是自以爲是處總要牽帶上，可笑亦可慚。須痛下一番洗滌工夫，乃能越出此窠臼，然談何容易。因兄讚許，特自道達。兄能主講國文，大佳大佳！匆上，順頌

暑祺！

弟穆拜上

（一九五四年）六月三日

不日端節，遥憶兩年前在尊寓午宴之況，如在目前，不勝眷眷。

復觀兄再鑒：

前紙書就，忘未寄，今日端節，遥想闔第清歡，弟亦如預談笑也。出入境證已託張曉峯兄代辦，弟盼於七月初即能抵臺，到後擬仍住杭州南路《民評》分社，不知該處是否有空屋可以下榻？如或不便，懇賜一字，以便另覓居停。

昨夜有相識某君，閒談及《民評》程滄波君所撰獨立獨行一文，彼意謂文章甚佳，而結尾譏及某氏大可不必。向來獨行之士，並不望人之同此獨行，高論激俗，於世道未必多所補益。言下於《民評》編者所附小注，亦致不滿。此君所論亦自有見。大抵今日欲轉移人心，論政不如論學；如論政，則論人不如論事；若論人，則鼓舞悲憫，更勝於挖苦譏諷。因世風既薄，人心日污，非此終不足以轉移，而徒增乖戾反覆，危行言遜，不得不爾。弟前紙深賞兄平日文字之刻深鋭厲，然盡言之難，自古爲戒。快於讀者，抑乃非言者之福；快於一時，亦非可期日久之效。弟自聞某君之論，初擬將前紙滅去改寫，兹則再附數行，亦以表相愛之忱而已。並欲告尊文獲讀者重視，雖單行隻句，事隔旬月，而談者猶以爲論資也。晤接已近，不勝神馳。匆此，再頌

節祺。

並祝

闔第潭吉！

弟穆拜啓

（一九五四年六月）五日

復觀吾兄如面：

弟本定十五號前來臺，而此間冗雜羈滯，直到十四號始能成行。因坐船須十六始抵基隆，誤期一天，曾先電曉峯，囑代向保安司令部電告船公司。曉峯復電云已照辦。乃此間擾攘，一日半迄未得臺電，終未能買得票到手，遂換請入境證。如是稽延，大約於下月初始能來臺耳。承諸故人相念，不勝感之。

弟憂患餘生，飽經苦痛，回憶全是蒼涼一片，六十之年，惟是六十年蒼涼而已。至於志業所就，亦僅僅寫得幾本書。而方今士不悅學，真能讀者殊不多。若朋輩過爲揄揚，竊恐轉爲不知者詬厲。故弟於今年六十，實一無好情懷，非過爲矯情也。

大稿必有精采，惟恐下筆過重，不克堪當。此刻雖未能寓目，然已若不勝有内慚之心。聲聞過情，實足惴懼，尤值薄世，能闇然方佳。至於學術是非，本不可以筆舌争，只有淡然付之，數十年後，求來者徐定之。所懷萬千，一俟面暢。專復，順頌

大安！

弟穆頓首

（一九五四年七月）廿七日

諸故人相憶，均道鄙況爲感。

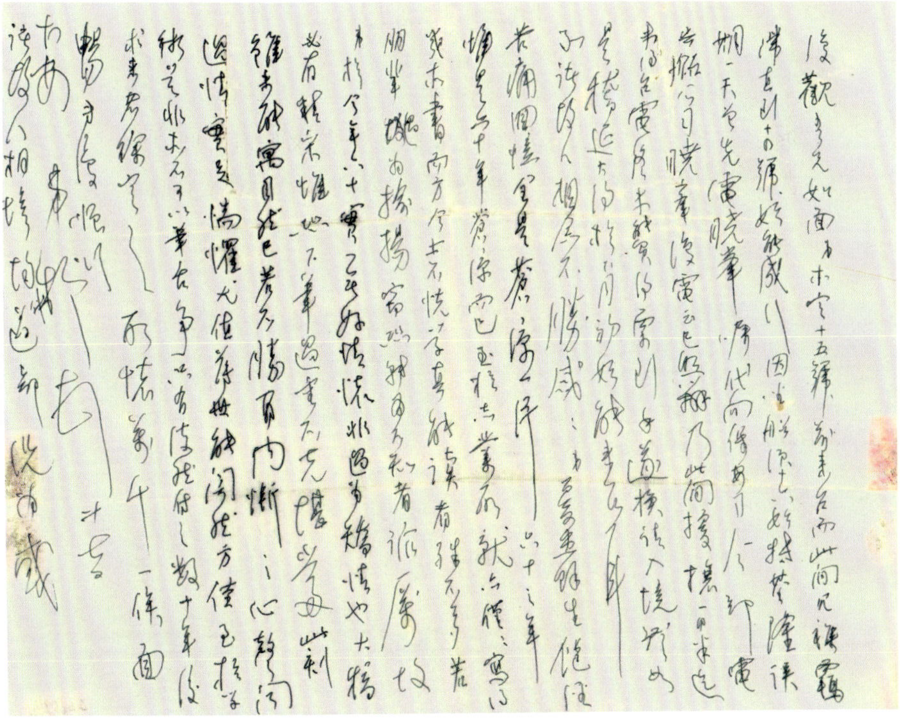

BY AIR MAIL
PAR AVION

中華民國郵政
REPUBLIC OF CHINA

復觀吾兄大鑒：

弟於昨日下午匆匆來臺，事前未及先函通知爲歉。此次來遲，下月上旬決須返港，在此不克多留，甚望與兄得一晤面。弟本謂此來完全是私人旅行，可以較閒，不料到後即遇日本訪問團在臺，今日下午又被邀出席座談會，於電風扇下枯坐了整三小時。此項座談會尚須續開，並約弟致辭，其勢不得不出席。但望除此以外，再勿有公開場合之露面，則甚幸矣。君毅去南部，當已晤及，故友乍逢，諒感爲至快也。弟或不能來臺中，儻大駕能來臺北，盼先示日期。萬一尊駕不能來，弟當設法抽身一來把晤耳。專此，順候

闔第潭吉！

弟穆拜啓

（一九五四年）八月廿日

來示請寄南海路中華歷史文物館包遵彭館長轉，弟借寓彼處也。

復觀吾兄大鑒：

弟匆匆離臺中，於日月潭宿兩宵，仍由臺中乘下午對號快車去臺中宿一夜，再去高雄亦宿一夜，於昨日返臺北。此次吾兄來臺北，勞頓致病，甚感不安，想弟走後當可静攝，頃已康復矣。弟幸頑健，殊出自己意外。今日風訊頗涼快，不日臺中是否有大風雨？曉峯一信，并此呈閱。彼所謂經濟問題，在其他途徑試洽云云，容俟見面再詳詢究竟。香港來訊關校址事，亦頗曲折，尚少進展，辦事之難，遠勝讀書，亦其權不全攥於我耳。匆頌

痊祺！

闔第均此！

弟穆頓首

（一九五四年八月）廿八日

此紙寫後未寄，又誦來札。在臺中匆匆未能從容暢叙，弟亦衷心覺是一憾。連日轉流，甚感倦乏，不知能不病否？高先生文決不致遺失，惟細誦一過，尚須有待耳。另附一紙與冠宇校長，幸便轉致。

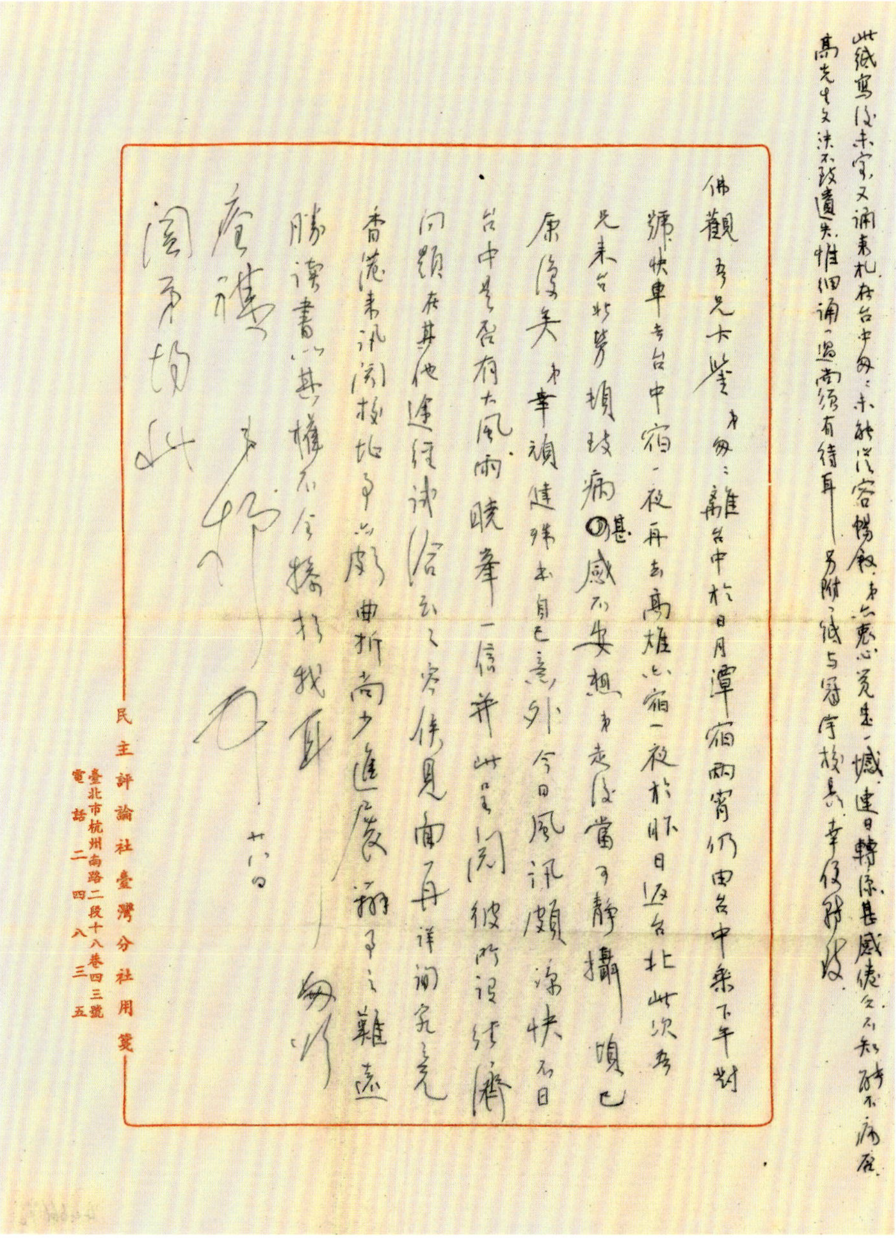

此紙寫後未寄，又誦來札，在台中匆匆未能從容暢敘，弟亦惋惜，遂覺悵憾。連日轉徙，甚感疲倦，不知能否康復。
高先生文決不致遺失，惟細誦一過，尚須有待耳。另附一紙與羅校長，幸代轉致。

佛觀吾兄大鑒：弟匆匆離台中，於日月潭宿兩宵，仍由台中乘下午對號快車去台中宿一夜，再去高雄小宿一夜，於昨日返台北。此次吾兄來台北勞頓致病，甚感不安。想弟走後，當可靜攝，頃已康復矣。弟幸順達，殊出自己意外。今日風訊頗涼快，不知台中是否有大風雨。曉峯一信，並此呈閱，彼所謂經濟問題，在其他途徑試洽云云，容俟見面再詳細研究。香港來訊閱悉，校址事亦頗曲折，尚少進展。辦事之難，遠勝讀書，以其權不全操於我耳。

虔禱

弟 [illegible] 上　六.四

闔府均此

民主評論社臺灣分社用箋
臺北市杭州南路二段十八巷四三號
電話二四八三五

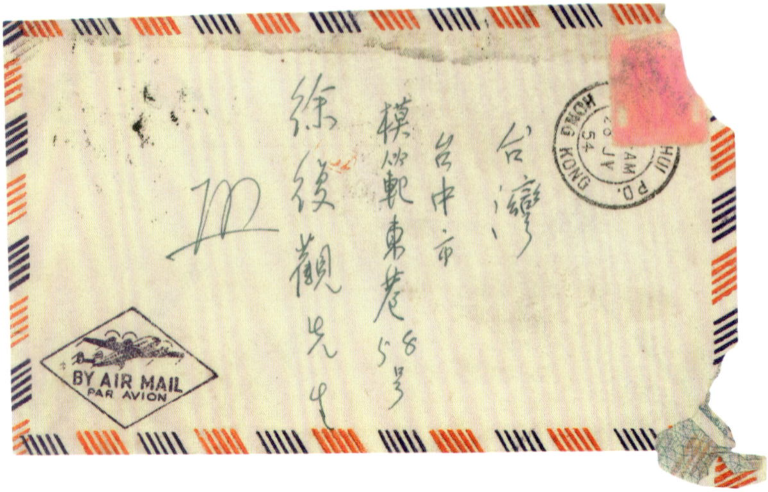
台灣
台中市
模範東巷8號
徐復觀先生
BY AIR MAIL
PAR AVION

TAIPEI

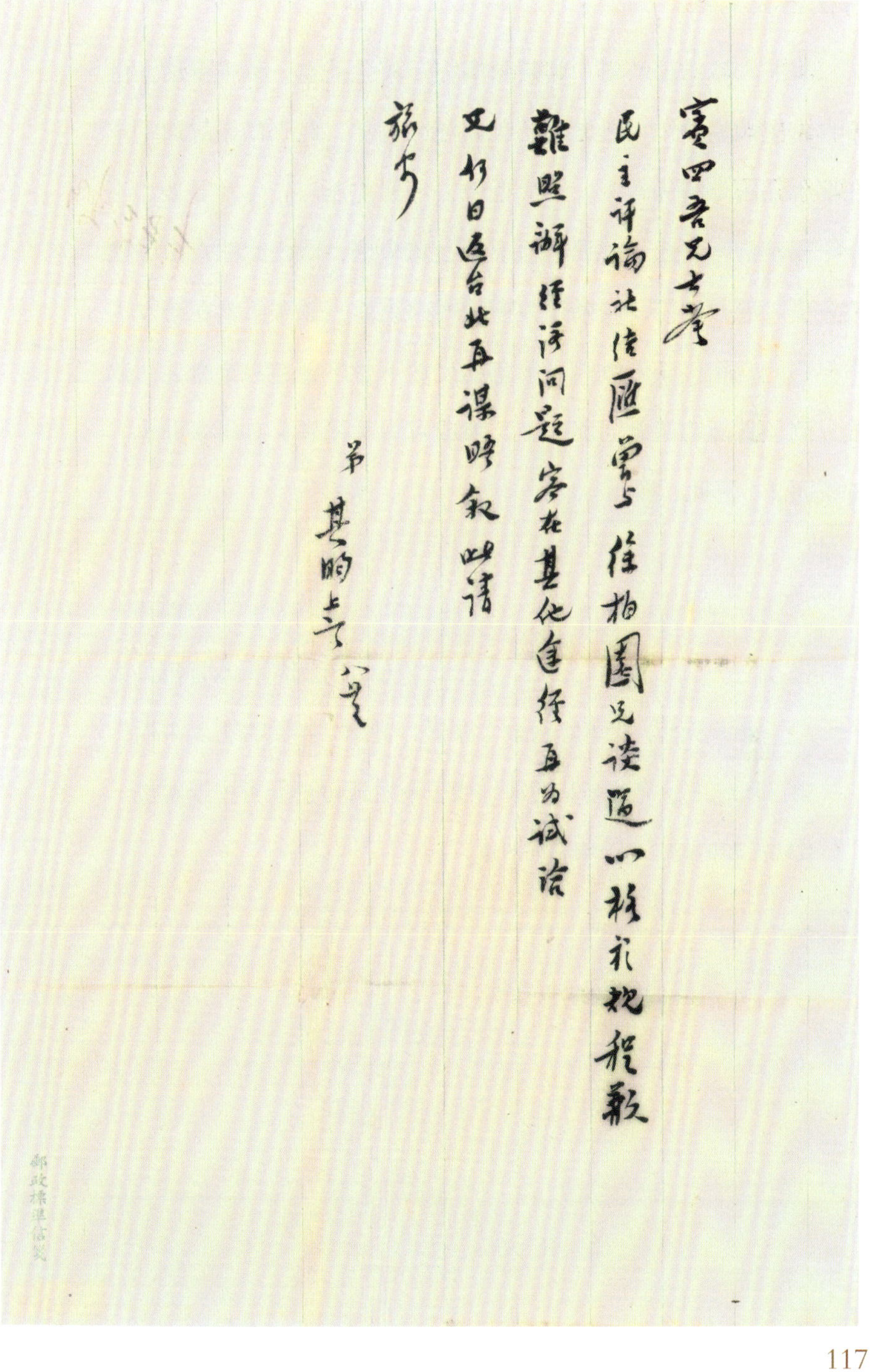
寰四吾兄大鉴：

民主评论社侨汇费与徐柏园兄谈过，以核示规程，歉难照办。经济问题，容在其他途径再为试谈。又约日返台北再谋晤叙。此请

旅安

弟 其昀上言 八日

郵政標準信箋

佛觀吾兄大鑒：

前上一緘，諒已到。尊體諒康復，甚念甚念。弟來臺前，港方自由中國協會中人雖先介紹美人饒大衛君，此人尚未謀面，本在耶魯任國際關係教授。彼最近曾去港與沈燕謀先生及君毅、丕介晤談甚洽。頃赴日接眷，約下月上旬來臺，即任此間自由中國協會事。港方來信，彼來臺後極盼與弟謀面，並願弟就在臺友人中介紹能常相接談者數人。弟意約兄於下月十號左右來臺北。弟俟兄到，當函約饒君同與一叙，彼或可對《民評》有所襄助也。餘統面詳。專此，順頌

日祺！

弟穆拜上

（一九五四年）八月卅日夜

來示奉悉，武軍姪録取工學院，甚慰。秦院長去美未返，弟已函施之勉兄，囑其設法。據云秦君或可於九月中返國也。代院長弟未謀面，故轉囑施君設法。

佛觀吾兄如面：

弟於卅一日乘船，二日晨到此。大作在《中央日報》者，亦於是日拜讀。筆力之健，陳義之高，在港在臺譽者不絶，誠可謂有目共賞也。在港有人專買了卅號《中央日報》到埠送弟，而中途爲人要去，故弟只聞人説此文好，而到臺始寓目也。惟愧弟不足以當之耳。弟來後尚未出外訪客，只不絶有人來。弟體況勉可支，特胃納較在港爲佳，幸勿念。

此間相知均盼兄來，然弟意暑途不必跋涉，弟必來臺中，可以長談，在此殊少從容。惟一輩相輕者，則以弟到而兄不來，深爲意外耳。然兄實不必爲此多一番跋涉也。弟當過一星期後始能離此。

專此，順頌

近安！

弟穆拜啓

（一九五四年）

兆熊兄均乞道候。

來示已拜悉。

佛觀吾兄惠鑒：

弟已於昨日坐西北機返港。今午達凱來見。關於《民評》經濟，臨行之晨，又與曉峯談起，彼云決無問題。來後與君毅相談，彼意此刊物總以不與政府脱離關係爲是。彼意見亦極值重視。弟意能節省處應儘節省，不及因經費如常一切不先撙節。此間翦報工作可否即先停止？此層盼酌定，徑函鄭、金兩人。弟不便擅自去通知，務乞諒此。

弟歸後極感倦乏，今日卧息一天，仍不恢復，想係在臺過分緊張之故。餘俟續詳。即頌

秋祺！

弟穆頓首

（一九五四年）十月二日夜

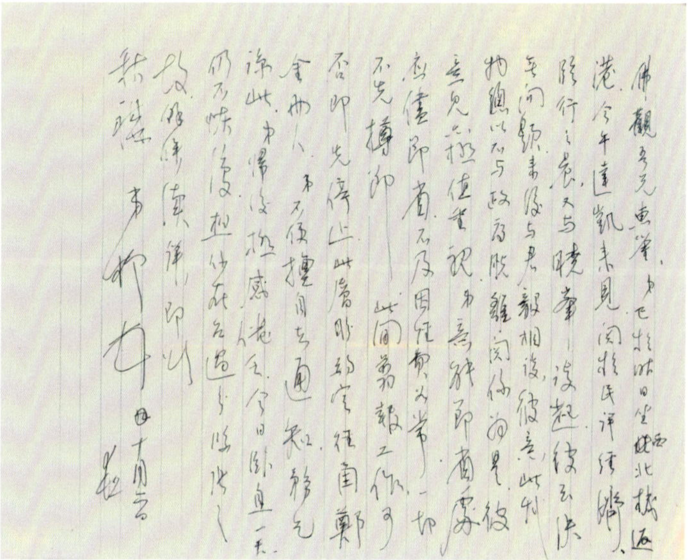

HONGKONG
FIFTY CENTS
台中
模範東巷
58号
徐復觀先生
香港
钱穆
缄
BY AIR MAIL
PAR AVION

4.4664½

佛觀吾兄大鑒：

前奉一緘諒收悉。弟離臺前接尊札，託在港物色書籍，當時記曾攜回，乃至今遍檢不得，不知遺落何處，盼便再將所需各書開示，以後遇需要，更盼隨時示知，以便隨時訪求。最近此間購書亦殊不易，只有默以待之，書價亦隨時增上，然似較在臺北終爲便宜耳。

弟返後，仍少閒，極難埋頭書本，更無論撰述。惟曾將舊稿《王守仁》一小册，重讀一過，稍加增潤，或將在臺再版。除此以外，竟日鹿鹿不知所爲何事。學校事一切在轉變中，港政府撥地，迄今尚未正式接受，連日仍物色較大面積者，亦迄無定局也。滄波近出版時論集，要弟寫一介紹文，始終乏暇細讀，此數日來偶爾

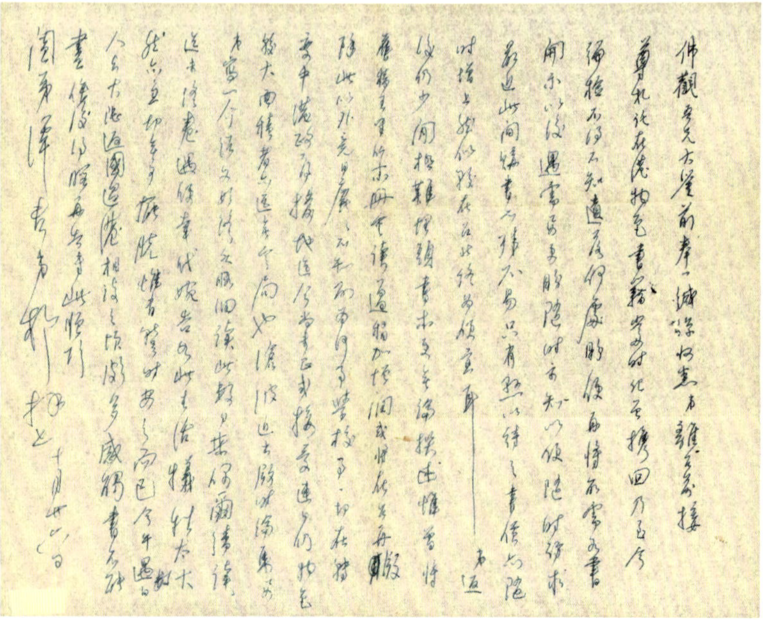
佛觀吾兄大鑒：前奉一緘諒收悉。弟離臺前接
尊札，託在港物色書籍，當時記曾攜回，乃至今
遍檢不得，不知遺落何處，盼便再將所需各書
開示，以後遇需要，更盼隨時示知，以便隨時訪求。
最近此間購書亦殊不易，只有默以待之，書價亦隨
時增上，然似較在臺北終爲便宜耳。弟返
後，仍少閒，極難埋頭書本，更無論撰述。惟曾將
舊稿《王守仁》一小册，重讀一過，稍加增潤，或將在臺再版。
除此以外，竟日鹿鹿不知所爲何事。學校事一切在轉
變中，港政府撥地，迄今尚未正式接受，連日仍物色
較大面積者，亦迄無定局也。滄波近出版時論集，要弟

繙讀，迄未終卷，遇便幸代婉告。如此生活犧牲太大，然亦急切無可擺脱，惟有暫時安之而已。今午遇數日人去大陸返國過港，相談之頃，頗多感觸，書不能盡，俟後得暇再告。專此，順頌

闔第潭吉！

弟穆拜上

（一九五四年）十月廿六日

航空
KOWLOON
8-AM
27OCT
1954
HONG KONG
TWELFTH
TO 12 JAN.55
航空
BY AIR MAIL
PAR AVION

4.46652/2

佛觀吾兄惠鑒：

返港以來，冗雜益甚，竟未能有潛心筆札之暇，長此以往，荒落日甚，奈何奈何！承詢《二程語録》“大小大”一語，不知他處亦有此例否？平日匆匆讀過，竟未留心也。

在此講文化史，擬寫一篇文字，題爲《周公在中國文化史上之地位》，可與在臺所講《從中國社會看中國文化》相補足，惜未暇屬草。最近有兩次文化講座，講題爲《中國哲學中之鬼神觀》，此題極新穎，其實爲治中國哲學者所必知。穆懷此已廿年，最近始開講，亦恨無暇整理成篇。去年所撰《孔子與春秋》爲穆最近稱心之作，屢忘郵奉，兹便檢一册呈教。此文亦可與近所想作之《周公在中國文化史上之地位》相足也。胸中所欲撰述者極多，奈時日不吾許，只有默藏之胸中，或他日更得深沉妥貼而後出之，則未始非我之得也。

《民評》極思爲謀一出路，而終無機會細細謀之。此等事亦須有閒暇，稍磨時日乃成。弟此兩月總是忙亂，因此不敢匆促吐露，轉敗前途耳。足下所需書各種，一時亦無機緣覓得，研究所近購到《通志堂經解》原刻本及《續資治通鑑長編》、《紀事本末》兩種，則頗難得也。

胡小姐前日曾寄蒙蒙手帕一封，由平信寄，不知能收到否。

匆頌

近祺！

弟穆拜上

（一九五四年）十二月一日

復觀吾兄惠鑒：

十二月二日手書奉悉。前馮芝生撰寫《新理學》初稿，穆在衡山先覩，曾告以當增“闢鬼神”一題，並告以書中關於程朱心性論太少發揮。馮君後依鄙見增入鬼神章，惟於心性方面，謂宋儒所論無甚可闡述者，此乃各人見解不同，無可奈何。即其論鬼神，亦未觸到此問題之真痛癢處。竊謂此問題乃分辨東西哲學異同一絕大節目。穆曾寫過《靈魂與心》一長篇，然所懷未究竭。此次在新亞連講中國思想史中之鬼神觀兩次，恨未得暇，未能寫出。俟年假若得空，擬寫一專篇，如研究所出學報，即以充篇幅，或不能送《民評》。至《周公在中國文化史上之地位》，此一題極重大，亦恨乏暇落筆，如完成一文，當可送《民評》耳。

前日爲《民評》事曾與人長談過，然此事仍難，即有開展，其中曲折，頗恨不能形之筆墨，幸諒幸諒！卡西勒爾之《原人》如能由兄譯出，他日新亞研究所有款，定可付印，惟此事亦有待，現仍在擱淺中，不知兩月後能有開展否？屆時當再告。

又研究所近已決心購《四部叢書（刊）》初、二、三三集。前蒙惠借《四部叢刊》初集，受用不盡，銘感無極。以後能歸回原主，亦了卻積年來一番心事。先此奉聞，以後吾兄所需叢刊內各書，可以絡續寄回。至其他書，奈不奉巧，迄難報命。專此，復頌

近安！

弟穆拜上

（一九五四年）十二月十七日

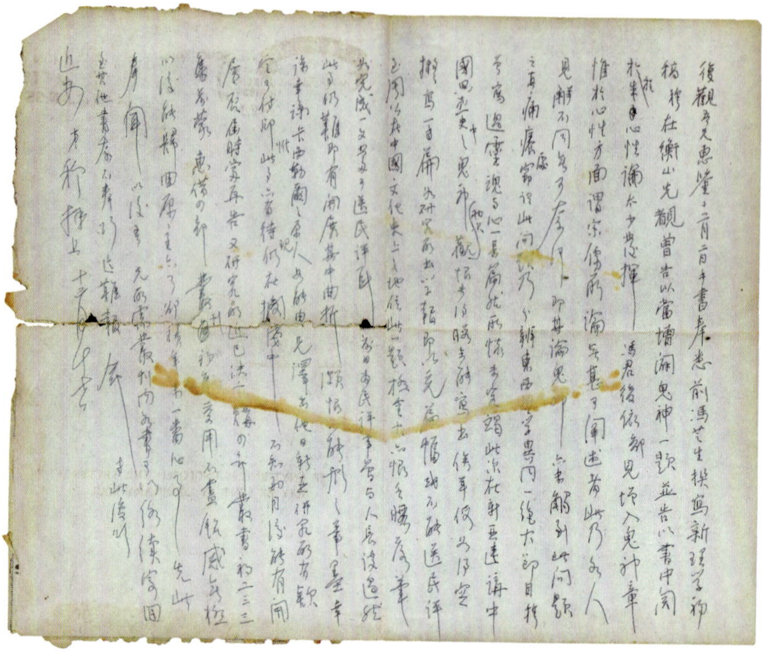

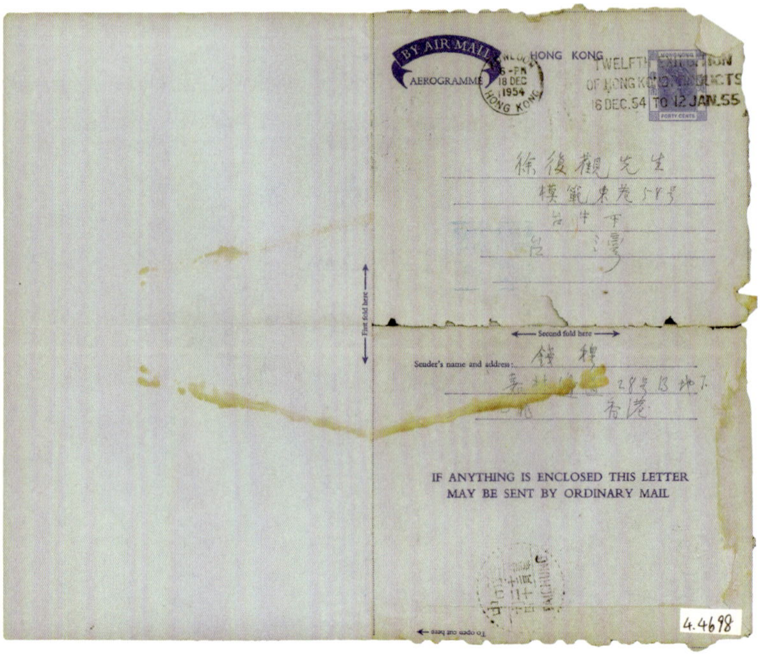
BY AIR MAIL
AEROGRAMME
HONG KONG
18 DEC 1954 HONG KONG
16 DEC. 54 TO 12 JAN. 55
徐復觀先生
台中
台灣
First fold here
Second fold here
Sender's name and address:
錢穆
香港
IF ANYTHING IS ENCLOSED THIS LETTER MAY BE SENT BY ORDINARY MAIL
To open cut here
4.4698

一九五五

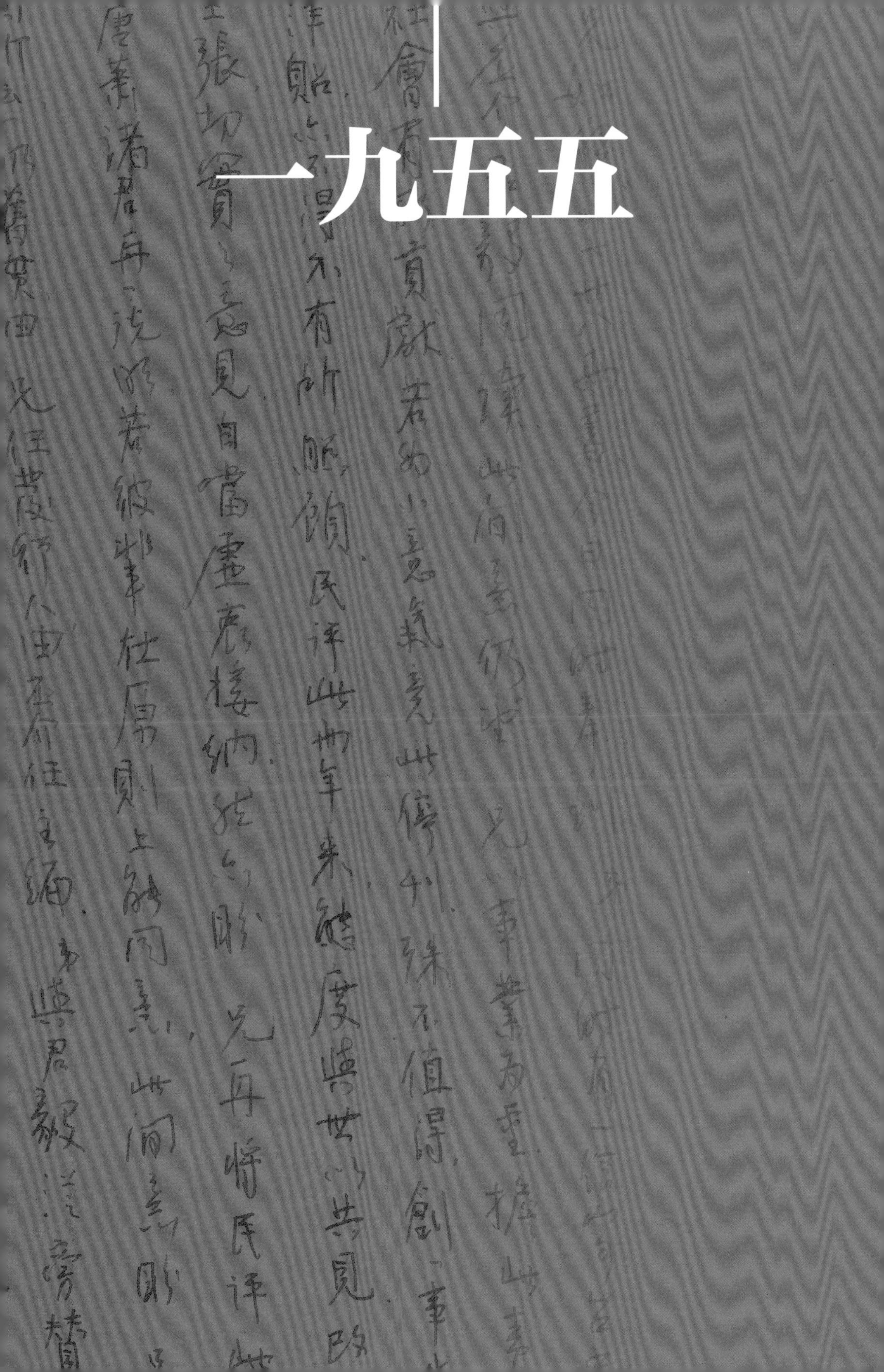

復觀吾兄如面：

元月五日來緘已奉悉。爲《民評》房屋事，鄭竹璋曾來談過，以後未有繼續談起，想來當已擱置。

關於赴日事，此間到時是否能脱身，亦未能前定。來示云云，弟亦有同感。弟性不好動，非不獲已，並私人旅行亦無此意興也。

此半年來，冗雜殊甚。暑期在臺，曾有四次有系統之講演，録音底稿送來，迄乏暇整理。最近始落筆，經耶誕及陽曆新年兩假期仍未整理完成。猶憶第一次赴臺，《文化學大義》一稿，在勵志社，只兩個雨天即全部寫出。此次之稿，只擬四萬字，不謂久不能成，想精力亦日非昔比矣。大抵如專爲學校事，精力尚可支持，如兼顧寫作，即感精力不敷，而此間事又急切難擺脱。胸中時有新得，均爲未能立刻落筆，稍過時日即已化去，真恨事也。匆復，順頌

近安！

弟穆啓

（一九五五年一月）十五日

前在臺北講史學方法，殊欠大精采。承囑寫成一文，因當時無摘要，竟已全體渾忘矣。若有時間，能系統地寫一本《史學研究法》，始可暢發所藴耳。梁書太粗，不深入，實未能指示後學以途徑也。又及。

佛觀吾兄如面：

君毅轉來尊函，甚感雅意，俟與胡小姐商談再以奉告。兄與君毅書亦已閱及，弟已屆花甲，本不該再有綺念，弟去歲疾病相纏，不僅每日三餐乏人照料，即茶水亦獨自掙扎，深感修心養性，必自安身始。若如前賢處境，能杜門謝事，清淡孤寂，自問優能遣之，而不幸困於生事，其勢不能隱居，除卻學校仝人仝學應接之外，時有社會不相干人不相干事來相牽涉，又不能忘情書本筆札。有一次户外客來，此去彼進，自午迄夜，歷七小時不休，而其時正在病中，一時憤慨，自譬乃一不設防之城市，大礮炸彈無情轟炸，只有寸心獨嘗其苦。清夜輾轉牀褥，如此生活，斷難支撐。素本澹泊，既無好名之心，更無攬事之趣，而不虞之譽與身外之事推疊而至，又六十年來絶不能安排日常煩碎，遂決心謀求一家室。不謂不相諒者，又以此相責難，對方又願不顧一切犧牲，此真使弟徬徨不知所可。

此數月來，更有處心積慮逼弟於絶境者。此事並不由於外來，而出之日常共事五六年之老友，此更使弟不得不坦白直説，偶一吐露。昔人謂君子絶交不出惡聲，而況於背後説人短長，此事真使弟寸心自慚。此書雖未能詳告，然兄或可逆測而知。弟事内定於心，恐難轉環，非不知自愛，亦非不知相愛者之關念，然若非遁入空門，則只有落入俗套，所謂未能免俗，亦道不遠人之義。自問心安，則外面毀譽固可不計。所難者，則無以對愛我者之關念，如此而已。至於因私人生活牽及公共事業，此亦内外交迫，其責不由弟一人，惟無從自辨白也。素愛陽明先生良知之説，近來受用，只在此兩字上，只求心安，逐步應付，行得一步是一步，如此而止。筆札則絶不能詳，但求如兄數輩，不以俗情相度，仍謂其人仍是不甘自暴棄，則在弟已十分感激，餘則無足道者。此緘如便，懇轉兆熊兄一閲，此外幸勿示他人。相晤不能在近，無從細述，他日相見，事過境遷，又不能細細追述。其實事過即了，亦不必自述其覶縷。此緘亦仍屬多餘，惟偶一握筆，終不能自抑，而言之仍無頭緒。總之，俗情家常，本不該逢人而道也。匆此不別，順候

闔第清泰！

兆熊兄均此！

弟穆頓首

（一九五五年）二月四日

佛觀吾兄：

久不通聞，思與日積，不知近況何似，爲念。

前日由貫之代寄《中國思想通俗講話》，諒已收到。儻不敷分送，盼來示，再可續寄也。開春以來，連印三書，除《通俗講話》外，又重印《國史新論》一册，一週内可裝訂完畢。《莊子纂箋》亦增訂再版，此後當俟賣得書款，再謀續印。《先秦諸子繫年》由港大研究所再印，此爲最堪自慰事，惟至今尚未付印，究不知有否變化耳。

去日本事，曉峯來約於四月一號啓程，本已婉謝，兹已改期六月初。屢次來函，到時恐終須一去。若果成行，當可於五月下旬與兄一晤。

此間事仍然如昨，新校址手續尚未辦妥，建築最快須延至兩三月後，正式校舍完成，至快當待明春。學校僅是維持，殊難有理想之發展。此固一切環境情勢所限，亦弟無此應付之才，甚望能爲新亞换一新局面，或可再有開展。弟精力已竭，才分有限，惟求暫息仔肩而已。兄爲此甚關懷，然非獲晤面，亦無從細訴也。

開春以來，寫得雜文三篇，前在《學原》有《郭象注莊》一文，此間無法覓得，不知尊處有《學原》存本否？可否囑人代鈔一篇寄來？弟最近又寫得《王郭注易莊用“理”字條録》一篇，擬彙舊論老莊者合成一書，並擬於《郭注“自然義”》一篇之前，增上《王弼注老》一小節也。匆此，順頌

近祺！

並祝　闔第清吉！

弟穆頓首

（一九五五年）四月七日夜

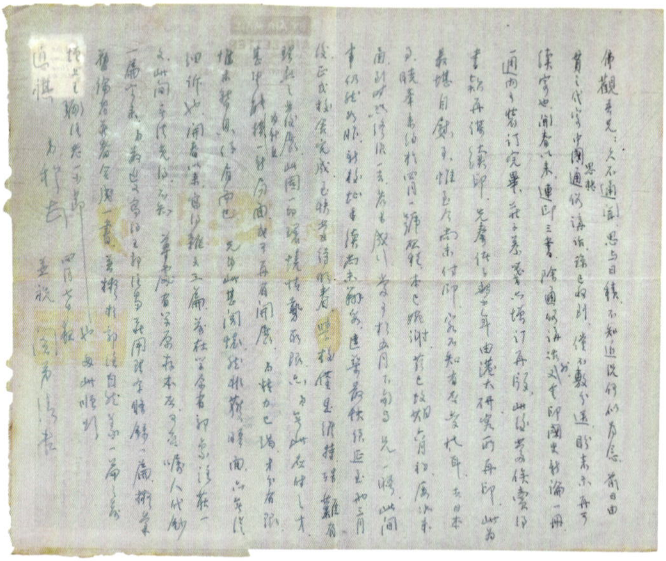

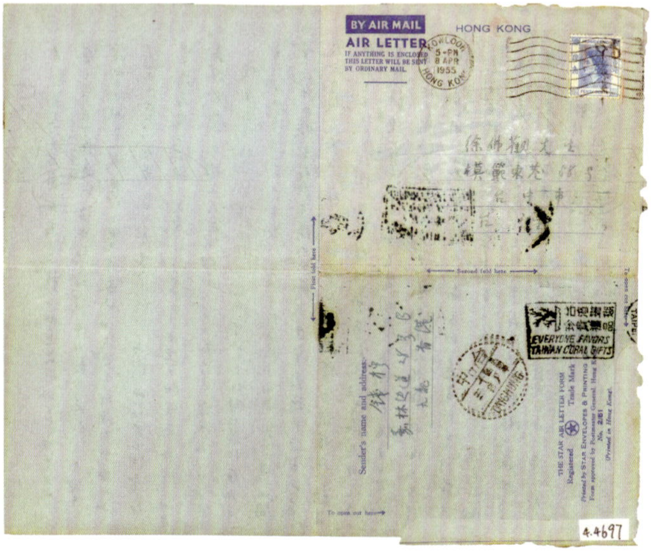
BY AIR MAIL
AIR LETTER
IF ANYTHING IS ENCLOSED THIS LETTER WILL BE SENT BY ORDINARY MAIL.
HONG KONG
EVERYONE FAVORS TAIWAN CORAL GIFTS
Sender's name and address:
4.4697

復觀吾兄如面：

昨日得手示，同時亦得曉峯來信，彼信中僅云總府協款勢在必停，又詢弟何日去臺。弟今晨已與信，懇彼負責代填此每月協款，並囑就近約兄一商。或彼有信相邀，兄宜去臺北一行，諒該款或不致有問題也。

前承鈔來《郭象注莊之自然論》一篇，已收到。又增入《王弼注老言自然者》約兩千字，最近並寫《王郭用“理”字注〈易〉〈老〉〈莊〉》一文，擬刊入《新亞學報》。又《老莊宇宙論》一篇，送港大研究所。此文較多新發現，如得暇，並擬再續寫一兩篇，合刊《老莊通辨》一書，將舊刊《老子辨》各篇一并合入，當可有十許萬字。兄對道理一文有不同意見，甚盼詳示，或寫一篇文字在《民評》發表如何？《神會語録》及宋紹興本《壇經》定有價值，盼將日本書店名見示，或此間亦設法去購。

弟本云五月底來臺，因曉峯堅邀六月去日之故。今去日之舉，既不成事實，弟亦極難抽身。此間自耶魯協款，人事複雜，一言難宣，下學期不得不稍稍調整。丕介因各方攻擊，總務一職暫卸，專任經濟系主任。君毅亦甚怕麻煩，惟只有强其勉任所難。弟非肆應之才，耶魯駐校人年輕好事，港方有湘雅同學會並多方面人包圍，學校同事及同學亦多徑向外國人進言私人恩怨，經濟實利，各有期圖。教育精神本難與衆共喻，同事間真志同道合者，實亦惟君毅一人而已。没有錢尚可苦撑，有了錢專在機械變詐中應付，更感苦痛。下學年又需添新人，添來的多，原有精神更沖淡。弟只希望能維護此校，至有一基礎，能早卸仔肩而已。弟幾年前即早屢言之，除非此學校山窮水盡，弟必盡力支撐，一候有辦法，弟即退出。不幸别人不諒，認弟對此作一隻金飯碗看，對弟攻擊無效，更轉向他人。惟丕介夫婦亦實有難袒護處，否則弟必以去就力争也。尤其是丕介夫人，對弟私生活不斷放出流言，除胡小姐事外，更有其他莫須有之中傷。弟一人名譽不足惜，惟不知彼究何用意，出言不檢處太多，聽者即據此告洋狀，此乃最堪傷心事。弟既無德又無才，早退身或可使學校不致有大困難。若弟真能抽身，亦必仍留新亞擔任課務，亦表其始終以之之心迹。因若弟徑求脱離，耶魯方面必有變化，如仍留校，只辭去校長一職，或可商量。丕介所得罪者，校董方面有之，同事同學方面有之，校外各方更有之，其實只是言語與小節，而弟對此多年老友臨事不能支持，於心内疚亦深。弟對彼夫婦斷無他意，而對弟流言最先亦由其夫人作中心，此半年來時時攻擊及於别人，遂爲各方所乘。因弟移住嘉林邊，遂與彼夫婦不常見面，時時學生去彼室中，其夫人出言不檢，遂生此波瀾，誠出意外。弟爲此事正力擋數月，惟始終未向别人言之。然耶魯駐校人本意在攬權，即無此等事，亦須出問題，若真求新亞能辦出一理想來，竊恐甚難。

弟此等事亦無法向外人言之，偶向兄發，亦盼兄勿告别人。弟必待一機會可抽身始抽身，此刻諸事蝟集，極難有表示也。而且縱有錢，亦難覓相當人才，將來錢愈多事愈難。弟早料及，並在去年事前，屢屢與學校同事同學提出此過慮。君毅亦只是一老實人，難代弟任此職。或俟風波停，彼德望可勝此任。最近弟不敢以此累君毅，則只有啞子喫黄連，有苦向肚裹吞。弟與胡小姐事又横插在此複雜情勢中，弟非不知，然自問無愧於心，則只有我行我素。此等事，極難言語覼縷以盡。兄素相愛，亦不能罄竭以告，誠感苦悶於心。忽此累幅，其實仍未能曲折道達。弟得暇只耐心伏案寫文章，亦借此遣心，否則，弟之性氣不能如此忍耐，反而不能應付，只有把心移用一部分，始可曲折婉轉，以求各方因應。爲建築，爲下學期聘新人，爲研究所創始，此三事不斷煩心。外面總認爲新亞大有辦法，其實那裹是這會事！學生程度亦難符標準，弟與君毅只是上課生些效力，如論著作，學生極少能領會者。同事舊人换不掉，新人聘不到，缺乏好教授，好學生，學校僅負虚名而已。此積年虚名，只從喫苦中來，此後像不要喫苦了，此種虚名必漸漸消散而盡。弟自問能喫苦，能不求私人利益，卻不能開門向各方因應。以前是用弟之長處，此後是曝弟之短。爲新亞計，弟此後久占此位，恐難發展，但發展而喪失了原始理想，亦豈弟等所望？最此堪傷心者，若早有社會人士能資助不多款項，亦何致陷入此困境乎？一切姑盡人事，前途只有逐步逐步挨下而已。專此，順頌

近祺！

弟穆頓首

（一九五五年五月）十一日

最近兄所寫關於兩學派一文，愜心當理，想見兄提筆心平氣和，涵養之深也。

佛觀吾兄惠鑒：

來示奉悉。大稿昨日下午由《民評》社送來，弟只就第二節匆匆一讀，擬今日送回《民評》社，俾可按期刊出，然後再細讀全文。關於以“好惡”釋“仁”一節，弟甚願借與吾兄討論之機會寫一文，惟連日冗忙，是否能在下期《民評》付印前寫出，甚難有把握，然私意則甚望能儘先於冗忙中寫出。此事牽涉甚廣，并非弟與吾兄兩人間之歧見，實是自宋以來學術上一大歧見，最後亦不可能有結論，鄙意此仍是一“朱陸異同”也。弟擬題爲《心與性情與好惡》，只想把此中歧見約略概述之，以表出今天弟與吾兄之歧見，遠有來源而已。此層弟恕不在此信中詳述，俟弟文草出，再以作進一步之討論，或可引起君毅與宗三等人之意見也。

《民評》經費事，弟去信後迄今未得復，不知兄處已有信息否？《民評》稿件來源枯窘，積年來兄之苦心維持，弟等只有内自抱慚而已。昨與君毅談起，彼云已有一長文，弟亦有一稿，俟君毅長文登出，弟文可續刊。弟别有幾篇文字，則與《民評》性質不相宜，不便送登。至將來總編事，其勢非兄仍喫苦擔任不可。弟等只求有暇，儘多寫一些文章，減兄憂勞之萬一而止。至經費事，且看教部復再想法，總之，此刊物望兄仍一意維持之也。此間事，兄示備感關懷，雖云不斷有小波折，然社會人事，無一事不然，只有不插手，否則終難免。大趨勢終是逐步進展，惟不能急求速有展布耳。一切話非面莫盡，然恐見面後，仍會無話可告，因此等事過即已，本無足掛齒，無足存懷也。陽明所謂“事上磨練”，只此“磨練”二字，已盡了，更何多説多慮乎？

此一期《民評》，《船山家學淵源》一文，作者是否係化名？該稿是否係以前《學原》之舊稿？甚望見示。譯文一篇評馬克斯，弟甚爲欣賞，弟夙抱此見解，惟恨不能讀西文，不能多所稱引，只能直抒己見，則終不成學術性文字。猶憶五年前，弟住勵志社時，偶寫一小文，把柏拉圖與馬克斯連帶批駁了。當時即有好許人看了，甚疑其理據何在。弟寫《中國思想史》，又把柏拉圖、黑格爾與馬克斯一串批駁，詳原書198—199，又《中國思想講話》頁52—54，又把來暢説了一番。此兩處，盼兄再一抽讀。弟此兩書皆極稱戴東原，惟近作《王弼郭象説理》一文，又把東原批駁了，此非弟之無定見。弟自問對宋儒、對東原，弟心中有一稱量，弟所欲寫之《心與性情與好惡》一文，大體仍是此等意見。惟寫來想不會與上述那些話重複。弟擬專就中國學術思想上分疏言之，而甚望兄先看此兩處，可以見弟意見之一斑也。

最近《人生》雜誌社爲弟彙印《人生十論》一小册，本月内可出書。雖都曾在《民評》發表，然彙在一處，可以另一種看法看之，俟出書當郵奉。大致亦不過發揮弟積年意見，而所從言之又是另一面。弟不知如何説來，可將弟意見扼要説盡，因總在匆忙中信筆寫出，未經精心結撰，總不能愜心稱意也。

兄看弟有極獲吾心處，弟實有好許東原見解，並參入莊子見解處。惟弟自謂主要仍在服膺陽明，即講道理一篇，語句極隱藏，弟終對宋儒“理”字有些認爲不妥當。若吾兄能就此篇再有一文，講許多異同，或可再逼出弟另寫一文之興趣。學問思想能有討論，便多觸發，否則總是偏隅之見，語焉不盡。至於别人從另一角度講話，自己便可於此一角度再闡發。此非弟存心護前，討論到自己意見罄竭而無可轉身處，便可有一大長進。弟甚望能有兄指點異同，或可逼得弟更進一步。如此辨論，始有價值耳。

大作《象山學述》，今日始拿到一本，亦恨無暇細讀，此等問題皆須湛心涵泳久，始可自有見識與長進。若如此刻般，總是外面一觸，内面一應，則進步亦難言。最好能不寫文字，存蓄漸久，再看有無新見。然生活如此冗雜，寫文章風氣又如此輕率，久不寫，别人也會多猜測，則更感内心之不愉快。此等學術風氣，追隨日久，心中終不安，奈何？拉雜書此，以當面談。專頌

近祺！

闔第均念！

弟穆頓首

（一九五五年）五月十九日晨

佛觀吾兄惠鑒：

頃奉十八日來書，祇悉一是。弟與曉峯函，迄今未得復。去年弟去臺北，曉峯面約在政治大學研究院任課，弟屢告以港九事務未必能隨時離去。今年屢來函催，弟終以難抽身婉辭，想來彼必爲此不快，但弟此間實難如意抽身。誠爲弟私人計，非不願去臺北小得休閒，經濟上又多一筆收入。但此間實難離開，恐暑假亦未必能去臺北，此層弟已詳告曉峯，彼久不復，必對此不滿耳。弟當再去一信催之，囑其就近與兄面商，看彼究何處置。此間預算大致無問題，已算通過，但添聘新人，尚待多方接洽。研究所事尚未討論到具體化。爲此數事，弟實難急速去臺北也。

兄大文匆匆只看了對弟批駁之一節，即交與《民評》。因此間事冗，把握不到時間，興之所至，即在前、昨兩日行筆寫了一篇《心與性情與好惡》，約可九千字，來分疏弟與大文中之異見。大意是對兄諍辨全部贊成，而對弟意見頗有申述，如此而已。該稿擬徑送《民評》，俟刊出兄再看，如何？盼示。

君毅仍任教務，但教務處新添了一注册主任、一教務員，又哲教系單獨添了一助教，彼手下已專有三人代他一切雜務，想來彼對校事不致太忙。但彼分任港大課，又有外面事，亦不得甚清閑。學人生活，社會不注意，全要自己挣扎，而外面仍不相諒。在近代中國社會要潛心做學問，洵是一大難事。兄之處境，較弟等遠爲優閒矣。若弟等能早來臺，在臺中臺南等處謀得一職，

任幾點鐘課，不去臺北，豈不甚佳？機緣弄人，不能自主，説來慨然。專此匆復，順頌

近祺！

弟穆頓首

（一九五五年）五月廿三日

復觀吾兄惠鑒：

昨日奉賜書，快讀一過。於我兩人討論朱子、東原意見，仍有歧趨，因知義理之廣大，各人思路有歧，則所見亦有歧。足下從某一角度看，而弟則另從一角度看，因此言之遂若相違背，其實則固可相視而笑，莫逆於心也。拙文《心與性情與好惡》，僅於匆冗中自抒心存，於足下文不能細讀，亦不能逐條答辨，因大體弟甚贊成足下之見解，惟再抒己見，即可見兩人異同所由，不煩逐條辨析也。弟意“好惡”字與“欲”字仍有不同，此層未及細論，因讀尊札而又想到此層，亦不擬再增入拙稿矣！前夜遇鄭德璋，彼云尊文本期不及排入，彼意下期將弟文與尊文連排，好使讀者一氣讀之，亦便互觀。

《船山》一文極佳，此人頗能做學問，一則惜其追隨風氣，再則惜其淪入鐵幕，學問與世運相影響，此則頗爲可惜者。

《民評》恐不如尊意所猜，因曉峯屢欲弟去臺北，而弟遲遲不獲成行，恐是藉此逼弟一去之意。但弟此間實難抽身，此層已於前函詳述，且看曉峯復兄後看如何再説。

足下斥夫已氏爲文化漢奸，似乎下語過分，何以又引起此種無謂之筆墨官司乎？甚願足下能多化心在我們自己分内作學術商討，此等徒傷感情，徒增意氣，而到底得不到一結論，又且有不足措辭者。學術思想只能從同氣相求、同聲相應中，求逐步充實而光輝。不同氣、不同聲，則道不同不相爲謀，尊文豈欲爲不同道者謀乎？竊疑孟子“不得已”之説，亦爲其門弟子言之耳。惟未見尊文，究不知君如何措辭也。

宗三在《人生》各期文好極，久不與彼相通訊，然甚喜讀其如此文字，但亦恐瞭其深旨者不能多，此亦無奈何也。匆頌

近祺！

弟穆頓首

（一九五五年）五月廿六

《諸子繫年》已開始校樣，連日爲此忙，恐兩月内不能竟事也。

《近三百年學術史》評覈東原，殆與尊意較近，不知足下草此文時，亦曾一再披閲否？

復觀吾兄：

五月卅日手書奉悉。《民評》事若誠如兄所料，則前途恐尚多曲折。弟一時絶難去臺北，當再一函曉峯，看其究如何作答。弟意《民評》總望維持，總編總望仍由兄主持。若兄離開，則此刊物已失卻意義。弟頗望兄能面與曉峯一談，以求早日有一成議。弟意爲事業計，兄去臺北自可親訪曉峯懇商。惜乎今日是兄去臺北之日，弟函到，兄或已返。兄去臺北而不晤曉峯，似乎迹近故作此姿態。弟意爲事業計，兄應先去看曉峯，不必待他約談再去也。至於其他一切，兄要弟擔當者，弟盡可爲之。惟一則最近不克離港，二則總編之責任該由兄主持，此外則兄與曉峯雙方洽談，臨時決

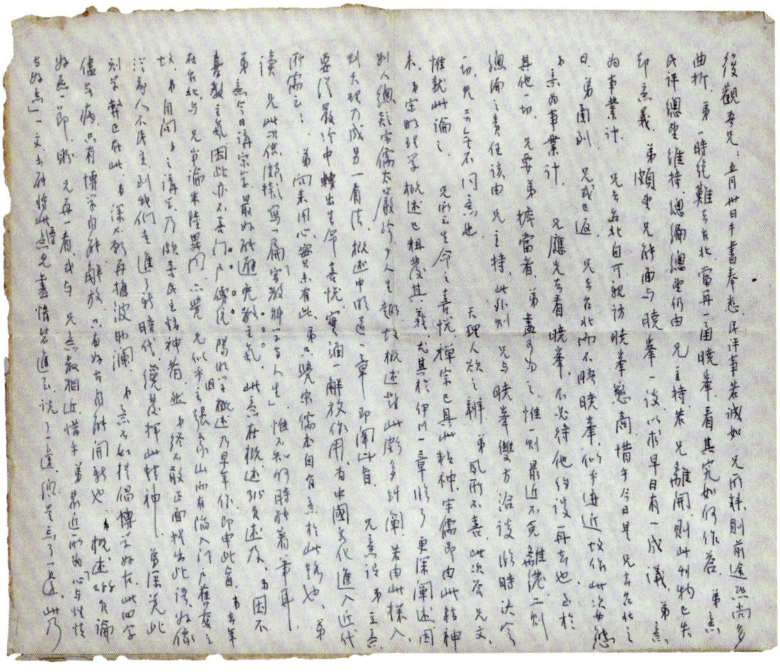

定一切，見示無不同意也。

天理人欲之辨，弟夙所不喜。此次答兄文，惟就此論之。兄所云“生命之喜悦”，禪宗已具此精神，宋儒即由此精神來。弟《宋明理學概述》已粗發其義，尤其於伊川一章做了更深闡述。因别人總疑宋儒太嚴冷，少人生趣，故《概述》對此頗多糾闡。若由此探入，則天理乃成另一看法。《概述》中明道一章，即闡此旨。兄意謂弟“立意要從嚴冷中轉出生命喜悦，實涵一解放作用，爲中國文化進入近代所需”云云，弟向來用心，實未有此，弟只覺宋儒本自有意於此路也。弟讀兄此次信，頗擬寫一篇《宗教、科學與人生》，惟不知何時能着筆耳！弟意今日講宋學，最好能避

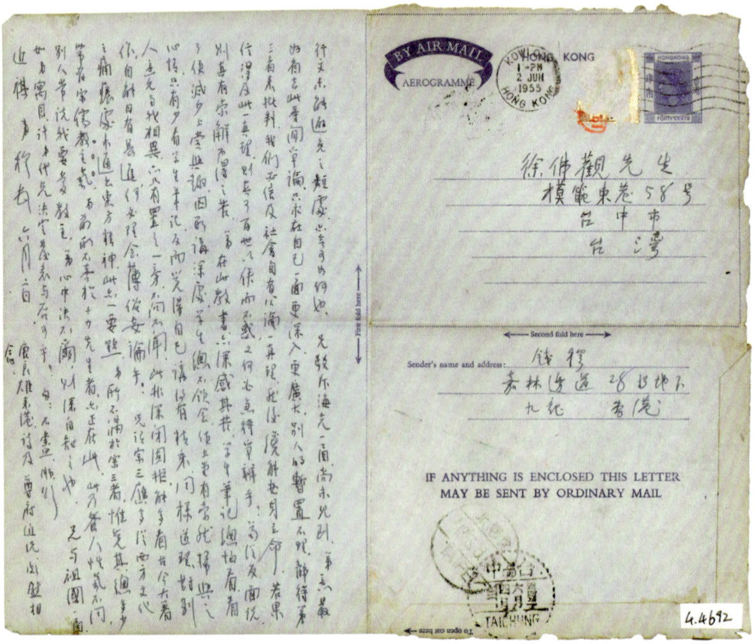
BY AIR MAIL
AEROGRAMME
KOWLOON HONG KONG 1-PM 2 JUN 1955
徐佛觀先生
模範東巷58號
台中市
台灣
Sender's name and address: 錢穆
九龍 香港
IF ANYTHING IS ENCLOSED THIS LETTER MAY BE SENT BY ORDINARY MAIL
TAICHUNG
4.4692

免“教主氣”，此意在《概述》315頁述及。弟因不喜教主氣，因此亦不喜“門户傳統”。《陽明學概述》乃早年作，即申此旨。弟去年在臺北，與兄争論朱陸異同，亦覺兄似乎因主張象山而有陷入門户舊套之故。弟自問弟之講學，乃頗喜民主精神者，然弟終不敢正面提出此語。好像從前人不民主，到我們走進了新時代，纔發揮此精神。弟深覺此刻學弊正在此，弟深不願再推波助瀾。弟意不如提倡“博學好古”，此四字儘無病，只有博學自能解放，只有好古自能開新也。弟《概述》288頁論“好惡”一節，盼 兄再一看，或與兄意最相近。惜乎弟最近所爲《心與性情與好惡》一文，未能將此等意見盡情裝進去，説了一邊，總是忘了一邊，此乃行文未能避免之短處，亦無可如何也。

兄駁斥海光一函，尚未見到。弟意最好省去此等閒争論，只求在自己一面更深入、更廣大，别人的暫置不理，静待第三者來批判。我們必信及“社會自有公論”一真理，然後纔能安身立命。若果信得及此一真理，則真可百世以俟而不惑，又何必急待争辨乎？苟從反面説，則真有索解不得之苦。弟在此教書，亦深感其苦。學生筆記總怕看，看了便減少上堂興趣，因所講深處，學生總不領會，便上堂有索然掃興之心情，只有少看學生筆記，反而覺得自己講得有精采。同樣道理，對别人意見與我相異，亦只有置之一旁，不問不聞。此非深閉固拒，能多看古今大著作，自能日有長進，何必理會薄俗妄論乎！

兄謂宗三應多從西方文化之痛癢處來逼出東方精神，此亦一要點。弟所不滿於宗三者，惟覺其總多少帶有宋儒“教主氣”，弟前所不喜於十力先生者，亦正在此。此乃各人性氣不同。別人常説我要當教主，弟心中決不爾，則深自知之也。兄與《祖國》一函，如弟寓目，許弟代兄決定發表與否可乎？匆匆不盡。順頌近祺！

弟穆頓首

（一九五五年）六月二日

唐良雄來港，談及尊府近況，頗慰相念。

佛觀吾兄如面：

昨奉手緘，悉尊駕已返臺中，穆在月初曾有一長信與曉峯，迄未得復，究不知何故？儻尊駕能於月底徑去面商一切，最佳最佳。《民評》由穆任社長名義，穆非存心避免責任，只恐以後不能常來臺北，是否有礙進行，此層乞再考慮。總編一職，私意仍由兄勉爲其難。以前在此間所以挽出百閔，特恐鄭、金兩人不能盡職。兩年以來，此間事縱無發展，亦少意外，若在此再添一總編，正如架牀疊屋，對港社一切並無好處，而徒然失去臺方稿件。儻兄仍任總編，此間稿件儘可由穆與君毅等設法補充，而《民評》歷年精神仍可一貫持續。弟意如此，不論經費寬窘，總編一職仍由兄主持，實爲維持此刊物之主要條件也。

拙稿《鬼神觀》一文，刊於《新亞學報》，預計本月底下月初可以出版，當即郵政。穆十年前，頗想對於禪宗作一系統研究，在昆明翠湖，按日上午繙閱《續藏》。當時貪於繙閱，未有筆記。此後離昆明去江南大學，此事即擱置，至今已完全忘卻。吾兄如能對此方面深細探討，穆十年前心事得兄代爲補償，豈勝欣盼！

董仲舒開西漢一代學術，能特爲專文，甚關重要。惟如尊示謂其爲"各種誤解之關節"，此語似須斟酌。西漢經學確有毛病，但在當時亦有貢獻，貴能如實分析論列，如專從後代人觀點來强調前人誤處，而遺忽了其在當時之正面意義，此亦不免爲偏陷之見。再過數十年、一百年，即有人謂吾等有種種誤解矣。以前拙著下筆，雖微窺此意，而終是多輕忽疵病古人，實則未能擺脱時風。此層

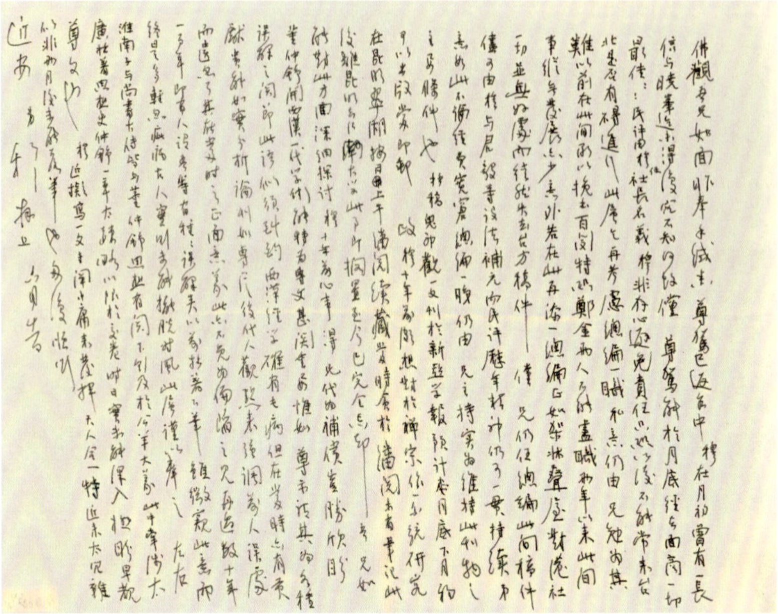

謹以奉之左右。《淮南子》與《尚書大傳》皆與董仲舒思想有關，下則及於公羊大義，此中牽涉太廣。拙著《思想史》仲舒一章太疎略，以限於交卷時日，實未能深入，極盼早覩尊文也。穆近擬寫一文，專闡《中庸》，來發揮“天人合一”，特近來太冗雜，似非兩月後未能落筆也。匆復，順頌

近安！

弟穆拜上

（一九五五年）六月十一日

بالبريد الجوى
AIR MAIL
PAR AVION
KOWLOON
HONG KONG
1955
台灣
台中
模範東巷58号
徐佛觀先生
九龍新亞書院
錢緘
航空

台中
TAICHUNG
4.46622½

復觀吾兄如面：

昨夕得手字，今晨又獲曉峯來書，爲《民評》事，上半覼述總統府協濟及停止之經過；下半謂彼確曾答應由教部另籌，惟教部一切開支，立法院與審計部均有權過問，在教部預算内並無補助刊物一項，因在下年度清華基金利息項上，有美金六千可供補助學術性刊物之用。例如《民族學會》年刊、《地理學會》年刊等，印刷費均在此挹注，《大陸雜誌》亦得千元。數雖不多，已爲其所能用力之最高限度，如弟同意，當徑匯港云云。弟讀其來信，似再難有伸縮。兄函開示《民評》經濟實況，既可勉渡一時，弟當去函應允該款徑匯港，可換得港幣將近六千之數。俟弟去復，款到當囑鄭、金换港幣保存，或徑將美鈔留下，以待稍有長價時再换。惟弟去復，當述及兄得暇當面致謝意云云，盼兄務抽暇去臺北與曉峯一面，此事萬不可少也。

至兄意由弟正式擔任《民評》社長名義一節，在弟苟可爲《民評》前途盡力，絶無推諉。惟細思終有不妥，一則在臺尚有其他協款，弟既不能隨時來臺，將來在接洽上轉有枝節，不如仍照目前情況，勿多此更張。遇弟可負責處由弟負責，遇兄可負責處由兄負責，只求此刊物能維持下去。目前難關已渡，多一事不如少一事。二則在此方面，弟正式任此名義，亦會引起各方注意。社會一切事多難預料，竊恐並不見好影響，而反生其他波折。此決非弟不願負責之託辭，苟將來實有此必需，弟亦決不推辭。此層務盼諒照。

بالبريد الجوى
AIR MAIL
PAR AVION
空郵
HONG KONG
18 JU 55

TAICHUNG
TAIPEI
4.4663 3/3

弟去年曾與某方商談《民評》協助，未獲成議，一月前弟又舊事重提。惟弟終感向人要錢，亦得不失自己地位，故弟只始終詢之中間人，未曾直接有所申乞。即在新亞，亦是彼方徑來商談，並非弟先去説項，弟不願改變此立場。中間傳話人仍謂未有把握，俟機再説，弟不知其是推宕拒絶，抑係實話，惟總是留有此一希望。在今目前既有辦法，則且再等些時，看是否真有希望，當隨時再告。弟在此心力已瘁，自問年逾六十，置身於冗雜之調度，過費精力，對私對公，無益有損，而急切抽身不得，真是苦事。鄭、金兩人此兩年來總算把《民評》支持平貼，弟無暇與彼兩人多有接觸，亦一憾事。惟在此當可爲《民評》多撰稿件，以稍省兄之勞，如此而已。

本期兄文應放前，弟文應放後，乃鄭、金兩人轉把弟文放前，或是兄之指示，然弟看了，心殊不安。不知兄讀弟此文，作何感想？恐是仍有許多意見，盼隨時函示。弟匆匆看兄原稿一節，適遇夜間無事，即窮一夜之力寫出。因在此，時間、精力兩無把握，或有精力想寫文章，而冗雜逼來；或得閒暇，而適值精力不濟。故每遇機會，縱是盡快趕出，但其不能好好運思，精心結撰，則不問可知，若常是如此，如何了得。

此間人事安排仍未完全妥貼，下年或研究所擴大，將更忙，弟真想不出如何自處。總之，如此決非久計，若能把學校内部事交出，專一用心在研究所方面盡力，或尚好。然至少須再看半年，是否能如此做得，萬一永遠如今之情勢，則弟到時只有不顧一切以一走了之。人之責言，只可不顧。中國社會積弊已深，而港地更甚，做事只在應付，一不小心，即出問題。弟非其才，專把自己毀了，亦非自處之道。弟時時想念臺中，如能脱身在臺中安住，與兄日常親處，有三數月清閒，精力或尚可用，然後一意讀書，

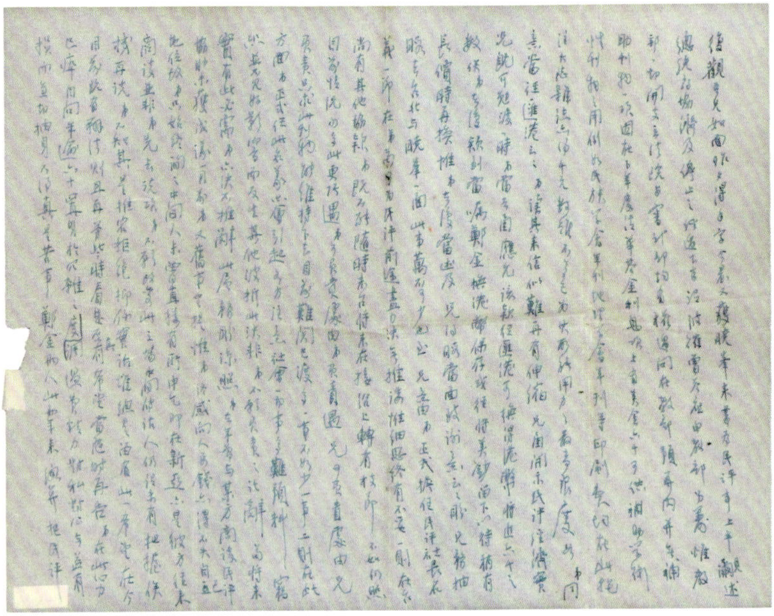

到精力瀰滿時，或可再有一些貢獻。然此種想像，何日可得？或大局急速有開展，弟或可有一機會脱走。

弟此六年來只一意維持新亞，非到關門決無他顧。今新亞已有一前途，而弟仍不獲自由，亦殊對不起自己。此六年來之苦鬥，因弟始終預計新亞一有辦法，即自抽身也。兄若在港住三數月，或可同情弟此書所言，今恐兄仍亦不能相諒弟之苦衷。人生處境，真有如此難説處。因念古人所云“三不朽”，立功尚在立言之上，爲社會立一事業，真不易。弟自問才性，勉有立言則庶可自勵，立功非所敢望，而立功者之立德，實猶難於立言者。弟平素看輕立功，今乃始知爲社會支撑一事業甚不易，處亂世更急須有立功者，而亦更不易。弟極盼能得一賢者來主此事，弟能從旁贊助，只做弟自所能做者。古人所謂“思賢若渴”與“求得天下英才而教育之”，真是確有此心情。非真到自身上，亦不易體會得真切也。暑期能寫《董仲舒》一文，極盼早睹爲快。不覺覼縷，語未盡意，數月之内恐不獲來臺，相見尚無時。專此，順頌

近祺！

弟穆頓首

（一九五五年）六月十八日

復觀吾兄大鑒：

疊奉兩示，祗悉一是。《民評》事儻如來示云云，弟亦不强兄去臺北。惟弟掛名社長一節，鄙意且看事勢推遷，目前暫勿更張。一切已詳前緘，幸兄俯允。此數年來，朋輩相知學業猛進，無有如兄之比，誠能再有數歲閒居，兄之所詣更未可量。弟在此常與潤孫、君毅談及，彼兩人亦俱以爲然也。弟此數年絶未長進，握筆爲文，只是些倒倉貨，長此以往，大有關門停業之象，言之愧怍。

《人生十論》新版，不知王貫之曾已郵奉否？此書所集十八九是爲《民評》所寫，乃爲貫之强索去。臨刊前自己再過目一番，其中亦有幾篇稍有貢獻處。不知兄讀後作何感想？幸便示及。關於殷海光一函，已由《民評》金君送來，匆匆閲過。弟意此等文字，以不發刊爲是，若爲討論學術，争辨是非，亦須選擇對象。殷某殊不值往復，所論亦非學術大體。將來關於此等，鄙意只以不理爲佳。拈大題目發大議論，久之自有大影響，只恐我們自己力量不夠。外界是非，如殷某之輩，無世無之。想來以前人也等閒看過，不以形之口齒筆墨，故後世遂不知耳。

君子隱惡而揚善，青天白日之下，魑魅自爾匿跡。照妖鏡不能比日月光暉，亦須照大妖。豺狼當道，安問狐狸。此非故作鄉愿之意。以上駟競下駟，亦非衛道良策也。

潤孫處已屢以兄意催索，惟潤孫所長乃在考索，持論實其所短。彼頃云，昨夜爲《民評》想一題目，至於失眠。彼爲《民評》撰稿，實是用其所短，故弟亦不加緊催迫耳。

人之才性，各有所近，如兄筆陣犀鋭，下語痛快，而兼以學養理據，不僅朋輩中難事，即此數十年來，亦無倫比。猶憶年幼時，偶讀黄遠庸文，爲之擊節稱賞，其影響歷歲勿失。今以兄較之，黄君縱有筆仗，其學養理據爲遠遜矣。兄此數年來，對社會影響之大，殆難計量。然私心所想望於兄者，決不僅於此。有一《民評》，正可逼兄才思汩汩而來也。惟望兄此後益益把題目提高，理據加深，爲《明夷待訪録》之後繼，非異人任耳。

拙文備蒙過譽爲慚。匆匆不盡，即頌

潭第清吉！

弟穆頓首

（一九五五年六月）二十五日

復觀吾兄道席：

上月廿六日手書奉悉。弟八月間頗擬抽空來臺一行，然到時能否如意，殊不可必。即來，恐須匆匆返港，難多逗留。蔡培老來港有期，盼先函告，以便趨訪。莊遂性先生等久别爲念，便中幸爲道念。

尊恙似宜早日檢查爲是，弟之來期頗不可必。東大想已放假，何不抽身即去。或檢查多須時日，切勿相待稽誤。

旬日來寫得兩文，一《周公與中國文化》，此文去歲曾見告，直至最近始動筆，然無暇繙書，只是信筆空論而已。一《本〈論語〉論孔學》，此文只須繙《論語》，較方便，或以刊載於下期之學報。久不獲親書策，撰文盡是信筆書之，終不甚愜意也。《諸子繫年》聞已脱版，惟弟尚未見耳。專此，復頌

近安！

弟穆拜啓

（一九五五年）七月二日

另郵拙文三篇奉政。

復觀、兆熊兩兄均鑒：

此次蒙兩兄溽暑奔波，多費唇舌，得此成議，心感曷極。胡小姐是一通情達理之人，對彼父母之愛及爲其考慮各節，均能深切體會，因此彼父母之意見與態度，彼在此均已事先懸揣得之，惟彼對弟之情感實出真誠。此事在彼之爲不利，彼豈不知？而天下事實有超出利害考慮之外者。自獲兄等來書，胡小姐已決意將此間成婚事再度延緩。彼願先返臺北，再求雙親之諒解。在臺住過其父七十大壽，再來港進行婚事。弟意此實情孝之真誠表示，弟亦惟有贊同。彼雙親既許消極不加反對，在法理上，彼本可自由。此次先求反臺住家兩月，再度來港成婚，全是爲人子女者之誠孝，盼望其親之終得諒解，弟亦惟盼其勿過爲如此處境過度傷心而已。弟心緒亦爲此事深感不安，想兩兄知弟素深，必可知弟之内心也。

此間事備極忙六，學校内情，極難覶縷。所憾者人事磨擦愈陷愈深，理想事業愈離愈遠。弟因内心苦痛，更感厭倦，繼之以煩燥，而學問著作擱付一旁，偶有撰寫，只是隨心所之，潦草應付。深恐自此以往，有辜友朋相愛者之期望，真不知何以自處也。

復觀兄來書詢及弟對漢制多用法家一節，弟意稍有不同。竊謂論制度當從大處着眼，《周禮》、《尚書大傳》、兩《戴記》中有許多意見，此皆康長素所謂託古改制，其實非春秋戰國史實，乃出儒者理想，而漢制多受其影響。董江都《天人三策》，確然儒家之言，其中羼入陰陽家説法較之法家意見更多。董以前賈長沙《治安策》，亦對漢制有甚大影響，其所陳述亦確然儒術，而漢人不謂之醇儒，則因開端對匈奴、對諸侯王皆羼有權術，非醇王之治也。此書不能詳述，盼復觀兄再一細闡。至宣帝所謂漢本王霸兼用，不純任儒術，此是實情，不煩多及也。專此，匆頌

近安！

弟穆頓首

（一九五五年）八月九日

兆熊兄《中國太平要義》已收到，謝謝。

復觀吾兄惠鑒：

來示敬悉。胡小姐須九月始返臺北，届時當代帶各物，勿念。藍綢長衫料如未函達凱，胡小姐可爲代選質料，如能把尺寸寄來，在此即託店鋪做就，工價或稍貴，或可比臺北做較好。又穿長袍最好兼做中國内衣褲各兩身，不知需一并購料否？此皆胡小姐意。

新亞無一堅定背景，經濟靠外來，校董人選係雜凑，又在英殖民地統治下，而校中同事又未能一心一德，去年起等如另創一新校，因此人事紛繁。然吾兄所懸揣者，則均摸不到此間之真痛癢。若耐心做，並非做不下，只是把個人學業全荒了。

弟此幾年來有一深深感覺，即中國傳統人情習俗與西方民主方式確有許多扞格。宋明以下之書院，皆以一人爲中心，弟在新亞力主民主，一切事公開，欲求達到教授治校之理想，而或者乃認此爲其營私樹權之便利。其實教授進退必須圓滑運用，政黨政治可貴者在此。中國法家信賞必罰之精神亦決不可少，若專本儒家精神，便易爲外力所鉗制矣。又開會時，一小節一文字必當機立斷，必堅持力争，否則寫下了、議定了，又爲外力利用。儒家態度總嫌優柔，總主寬裕，處集團似不夠，弟乃爲此所苦。若政治事業脱離不了社會習俗、文化傳統，則中國新政治之展望，其事甚多曲折也。弟在此上做到不營私、不攬權而止，明知某人有意營私攬權，從中搗亂，而不能本法家精神把之割去，如此便難辦事。然若真采法家精神，則王荆公可爲前鑒，勢必人人引去矣。開會太多，太費時間，而會議稍一不慎，必爲抱私心者利用，誠可嘆也。

德化須對青年在教育上用之，如年事過了四十，習性已成，雖聖人亦免不了遇到公叔寮之徒，何從德化？政治上之德化必須憑高勢，仍有賞罰做底，弟則亦無此意興把持一學校來進退人。退了一人，無異絶其生路，而彼乃不諒，藉此不斷搗亂，奈何奈何。其實搗亂決不能生效，只是須自己時時費心對付，此弟之所謂人事磨擦，如是而已。内心煩躁，由此而起，積久不能不煩躁也。

曾約農先生在港只見一面，惜未能深談。東海大學首先須把董事會與校長職權分清，出資者萬不該預聞學校内部事，然此恐辦不到。其次是中國社會主講人情，教授聘來易，辭去難，一時應急聘了人，此人便永遠盤踞在校，此後人事便難整頓。弟在新亞再三聲明：患難相處者，決不中途解約，只添新的，不去舊的。而舊友中乃有野心人自樹黨派，自造範圍，其在範圍之外者，逼弟調换，此真出弟意外也。目下内情已幾乎全部公開，此□招各方非議，照理可以罷手，而仍然不斷想法，多見其不明事理，不通情勢，只是仍得容忍他、提防他。彼本專心在此等上下工夫，弟卻不免也要擱棄書本來對付，並感陷入此等情勢中，積久了，自己心術也會變。自問自己是一個淡泊自守、純潔未失的讀書人，現在也得站定立場與人争，也得以機警來提防人，真不知自己是進步是退步？平常講學喜愛陽明，而生活則内羡晦翁，若真照陽明精神在事上磨練，不得不在學問上放棄。王學末流，便成空疏。弟沉浸於清儒經學中甚深，私心實慕晦翁之博聞。可知講學亦誠難事，才性各别，處境多異，如何調排，全賴自己聰明。古人書册到此，只退處一旁。所謂“赤手搏龍蛇”，因其到時實無可依仗也。説到此，又覺得陽明語洵有力。弟決不是一辦事人，到後終須擺脱，唯目下則仍曲折以赴耳。此數年來，只是在讀一本無字天書，長了些經驗，懂了些人情事變，保持了此良知未盡昧棄，只停頓了不少學業探討而已。

兄試由此思之，便知弟内心之苦悶也。至於内情，斷非筆札能詳，弟此所言，兄讀了終難想像到具體處耳。即君毅亦未嘗不與弟同此苦況，惟到底彼事忙而心閒，不如弟之事稍閒而心甚忙，更覺難堪。專此，候

安！

弟穆頓首

（一九五五年）八月十七日

復觀吾兄惠鑒：

廿六日手書奉悉。弟雖優柔，然亦勉盡相忍默化之心，蘊積胸中，歷有年歲。前爲《民評》主編一事，弟屢欲吐實而終未出口，其間曲折，他日見面終須罄竭以告。然幸兄能諒我，即不詳告内情，亦無傷歷年相交之至誼也。竊自謂不念舊惡，差可妄覬而匿怨，而友亦其所恥。新舊道德在此方面，實有變通之必要，弟則只能公事公辦。同爲一校之共事，各盡自己之職守，如此而止。若故欲交歡無間，此已盡心於前，甚難必繼續於後。只有勉記尊示，盡力以赴。凶終隙末，總非私心之所樂耳。

弟體況差能支持，然自知前年胃病纏縛，經歷一歲，到底虧損，遠不如往年矣。衣款不必急，可由弟暫填。胡小姐在此一年，在不安心境下，居然寫成《陽明教育思想》一稿。因急於返臺，昨已匆匆完稿。弟稍爲潤色，尚可過目。彼意極願得吾兄法眼一評定之。彼若心情平貼，似可於學業上更有進境也。

弟所寫《中庸新義》，不知尊見如何？“戒慎乎其所不覩，恐懼乎其所不聞”，如以語法組織論，似乎如鄙文解釋始得，舊解均不合文法，而二千年來絶無提及。兄試再爲一評定之。若得暇，擬續寫《易傳新義》。匆頌

暑祺！

弟穆頓首

（一九五五年）八月卅一日

《民評》教部協款已獲來信，不日匯出，惟尚未到，知注並聞。

復觀吾兄惠鑒：

獲讀手書，甚感不憚繩切之意，然亦怪吾兄讀吾文之粗略也。拙文本欲發明《中庸》會通儒道之趣，則以《莊子》義説《中庸》，正是拙文著意用心處也。至謂中外人文思想，無不自“人禽之辨”，“君子小人之辨”開始，此論實是門面語。程朱“性即理”，此“性”字決不專屬人，此“理”字即顯包物理，然又何得謂程朱非人文精神乎？拙文大意，已於《中國思想史》“中庸”節略舉，惟不如此文説來明顯。或兄讀《中國思想史》，尚不如此反感，其實弟之用意並無大殊，兄試再會合細看之，如何？弟斷非一本自然主義而不承認道德，只認道德亦在此自然中。孟子性善，亦何嘗外自然而求善乎？

行文措辭，各有體要，弟之此文，只是思想史材料，《中庸》大義實如此，並非謂弟之信守盡在此，即講《中庸》，思想史中亦有越出本文範圍者。弟自謂此文發揮《中庸》本義極透切，後來天台宗喜言《中庸》，華嚴頗近《莊子》，宋儒又從此轉出。弟自謂此文乃儒釋疆界，雖與宋儒所争儒釋疆界不盡合，然從此而入，則佛學不得不轉歸台、嚴、禪三宗矣。惟尊函謂中國向未由實在論推斷人生，僅由人生推論自然，此辨弟亦首肯。惟老莊確有由自然推論人生之意，故拙文爲此又特舉《中庸》有自遠、自近兩處説來之趣。故曰“執其兩端也”，“戒慎乎其所不覩，恐懼乎其所不聞”，雖曰“不覩不聞”，而儼然若有“十手所指，十目所視”，故“君子慎其獨”，“鬼神之德，洋洋乎如在其上，如在其左右”，“毛猶有倫，無聲無臭至矣”。此正“慎獨”精義，豈曰人所不知而己所獨知乎？若兄認“不覩不聞”如拙解在文法上無問題，則“慎獨”自然只可另求新解。此非弟之好新好異也。

兄謂道德倫理，永遠爲一可能性之理，而非必然性之理，此亦只説了一面。當知人類若非倫理道德，將必然不成爲人類，即人類終將絶跡，非人類有一道德與倫理之可能而止也。若非抬出一上帝，則理字如何只説可能，不談必然？兄由此細思之，便知弟文亦非盡在放鬆，不求著緊也。

天氣極熱，讀兄函，匆匆提筆，殊不盡意，仍盼不憚反復爲幸。此頌

近祺！

弟穆頓首

（一九五五年）九月八日

拙稿喜怒哀樂是其情，喜怒哀樂之得其中和，即是尊旨之“情其性，因而能率性以歸於性情之合一”也。已發未發，自宋迄清，成爲一大問題。舊稿《清儒學案》，於清儒對此問題之探討，搜羅極勤苦，惜稿已散失。兄函謂“自此以下，中國只有故事可説，更無學問可談”，弟則謂只論誠明中和，如拙文所詮，其間便已極難學問。兄意似太注重西方哲學派系，弟實並未由實在論附會，只就《中庸》原文義旨應如此講。若謂“道德意識僅在人生中存在”，此固不錯，然若謂實在不包有道德，則如何講天人合一？此非走

入荀學性惡之旨不可，否則是宗教家言，皆與儒義正統不合矣。幸兄再細思之。

昨夜匆匆寫了一面，今日薄暮，臨要出外應酬，又添此數行付郵，甚盼兄再有以教之也。又及。

復觀吾兄惠鑒：

接誦討論《中庸》第二書，當夜即擬寫一長信作覆，但因連日事冗，怕擔誤睡眠休息，終未下筆，但那晚還是失眠了。翌晨又把裁答事擱起，因幾日來正在寫一篇《袁宏的政論和史學》，想把那文趕完再復。但此文下筆不能自休，目下已得七千字，急切間仍寫不完。兄書擱置不復，心上終是有一事，不如先復兄書，再續《袁》文。

首先當告兄作此文之動機，因新亞設計校徽與校訓，弟提起“誠明”二字作校訓，一切通過了，要弟寫一短文。弟寫了兩千多字，大意從盡己性，到盡人性，到盡物性，再到贊天地之化育。此文準備登校刊，不久可出版，當再呈政，而且弟意此文決不會招兄反對。

但弟終覺對《中庸》本義，參發未盡，因此又續寫《新義》，兄如兩文合看，或可解消了許多誤會。

再次當略述弟治學大體。在義理方面，弟尊孟子與陽明；在學問方面，此學問指狹義言。弟甚喜章實齋，因其言治學途轍，與弟多不謀而合也。

實齋言“爲學不可無宗主，不能有門户”，此意弟甚贊成。弟宗主在孟子、陽明，然信陽明而知重朱子，尊孟子而又愛莊周。竊謂學問重在補偏救弊，此層實齋亦屢言之，而晦菴可以救王學之弊，莊子可以補孟子之偏。因此晚明王學流弊曝著，一輩學者即主由王返朱，而《中庸》《易傳》即采用莊老來補孔孟之偏。

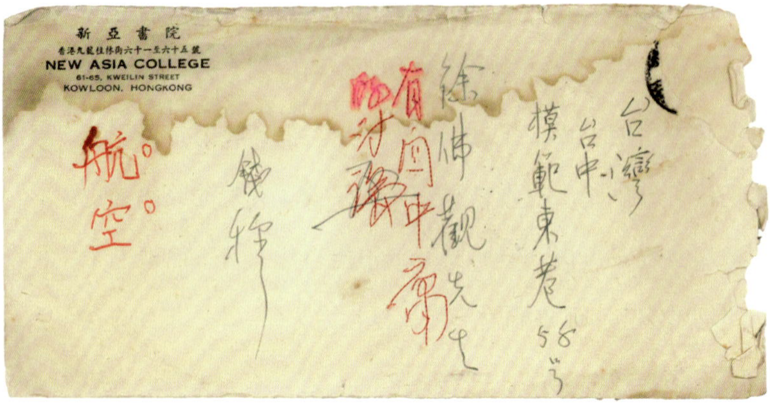
新亞書院
NEW ASIA COLLEGE
61-65, KWEILIN STREET
KOWLOON, HONGKONG
航空
台灣
台中
模範東巷58號
徐佛觀先生
錢穆

TAICHUNG
TAIPEI
4.47062/2

孔孟之偏，即偏在專注人文方面。如《論語》言德目，孝弟、忠恕、忠信、仁禮、仁知，皆是專屬人文方面的，《孟子》言仁、義、禮、智、愛、敬等，亦是專屬人文方面的，而老莊跳出人文圈子，專在自然界立論，便見孔孟之偏了。

荀子説莊子“知有天而不知有人”，但荀子的“戡天主義”，又偏了。《中庸》言德目，舉出“誠”字。“誠者，天之道”，始于自然界，指出其内涵之道德意義，因此引出悠久、博大、高明、不貳、不息、不已諸端，皆屬自然界而貫通到人文界，此即《中庸》與孔孟之不盡相同處。

如《論語》“曾子曰：夫子之道，忠恕而已矣！”但《中庸》只説“忠恕違道不遠”。又如有子説：“孝弟也者，其爲仁之本與！”但《中庸》雖言舜與周公之孝，而“造端乎夫婦”一語，又轉了灣，因孝弟是人道分數多，而夫婦則天道分數重了。因照自然順序，則先有夫婦而後有父子也。又如孔孟重言“仁”，老子言“天地不仁”，《易傳》便只説“天地之大德曰生”，此類見《中庸》與《易傳》之苦心及其思路之轉換處。弟在成都時有一文《論〈易傳〉與〈戴記〉中之宇宙觀》，頗謂有闡發，而仍未盡也。

兄謂儒家所説的“天”，只是理想的人，由人文界以發揮天人合一，實只是將天亦看作一理想的人文界。此意雖是，實不盡然。朱子與陸復齋討論横渠《西銘》，力辨此意。此一異同，從來絶少注意，但鄙意覺其很重要，因此屢屢提起，盼兄能注意。此實朱陸異同一大題目也。《中庸》有兩端，一端由人達天，一端由天達人，似不可并歸一路。弟雖尊陽明，亦謂朱子意見仍當酌取。

朱子只想從自然界覓出此最高的實然之理來，但朱子把仁義禮智都要在自然界找根據，此乃戰國陰陽學家與漢儒之歧途，無怪象山要説其支離。但朱子格物窮理之説，究竟不可破，就儒家天人合一之精神看，究竟該從自然界也説出一理來。濂溪《通書》重“誠”字，朱子于二程外必尊濂溪，因朱子極想爲“天”“人”兩界打一通路，決不專在孟子盡心知性、盡性知天一路上用工夫。若太重於此，便成陸王了。弟謂只《中庸》與《易傳》比較，截得天人分明，而又能匯通合一，但卻不能説《易》、《庸》仍是《論》、《孟》老路，因其已參進道家觀點也。

最近曾有一美國人來和弟討論中西文化，他問我對東方人接受西方文化之扼要意見，弟答云：①科學可以全盤接受，②政治社會人文界措施可以部分接受，③耶教恐最難接受。西方文化中，科學與宗教衝突，彼亦承認。百年以前西方哲學家只從宗教轉一步，如黑格爾等思想經西方科學不斷成長，究竟得再變。因此自然主義、實在論、經驗論以及存在論等種種説法，皆是彼方思想之不得已而必找新出路之證。而中國文化，實是近科學而遠宗教，此層道家更顯。鄙意論東方文化，斷不能排斥道家。《中庸》、《易傳》之所以爲當時之新儒學，正因其接受了老莊。朱子亦多近此一面。弟意正欲再下此方面工夫，爲科學與儒家會通闢一路。儒家與佛家，皆與近代科學無大衝突，惟儒、佛有一甚大歧點，從弟《中庸新義》看便顯暢。陽明有三教合一之説，大可注意也。（此一節太粗略了。）

弟本意接着《中庸新義》再寫《易傳新義》，經兄表示意見，把弟興趣一時打斷了，但此後必會繼續寫。近寫《袁宏政論與史學》，正因袁是接受老莊而重返儒學者。魏晉思想中此一路極該注意。

弟本擬好好寫此信，不料一上午連來了五六次客人，又把心緒打斷了。此刻已十二時，不想再多寫。弟在此生活，終是使心不安者在此。下午須連上兩課，又須去牙醫生處，此信即此而止吧！

胡小姐寫《陽明教育思想》，頗多稱引，越出弟一向注意之外。

新亞研究所
香港九龍桂林街六十一至六十五號
NEW ASIA RESEARCH INSTITUTE
(AFFILIATED TO NEW ASIA COLLEGE)
61-65 KWEILIN STREET
KOWLOON, HONGKONG

復觀吾兄惠鑒：接誦討論中庸之二書，當夜即擬寫一長信作覆，但因連日事忙，怕損睡眠休息，
終未下筆。但那晚還是失眠了。翌晨又把答事擱起，因我日來正在寫一篇表容的故論和史學，
想把那文趕完再復。但此文下筆不能自休，目下已得七十字，急切間仍寫不完。以事擱四五不復，
心上終是有一事，不如先復 兄書，再續表文。
首先當告 兄，你此文之與我因新亞設計校徽與校訓，我提起誠明二字作校訓，一切圓通了。
要我寫一短文，我寫了兩千多字，大意從盡己性到盡人性，到盡物性，再到贊天地之化育。
此文準備校刊，不久可出版，當再呈 政。而且我之此文決不會損 兄及討。
但我終覺對中庸本義者尚未盡，因此文讀為新義。 兄如此文合看，或可解[情]了許多誤會。
再次當略述我治學大體在義理方面，我尊孟子與陽明，在學問方面，[illegible]指朱義之，
我甚喜章實齋，因其之治學途徑與我多不謀而合也。
實齋說為學不可無宗主，不能有門戶。此意我甚贊成。我宗主在孟子陽明，於陽明而知重朱子，
尊孟子而又愛莊周。實齋說學問重在補偏救弊，此層尤實齋所未[illegible]之，而晦庵可以救王學之
弊，莊子可以補孟子之偏。因此晚明王學流弊暴著，我學者即可由王返朱。而中庸易傳即
采用莊老來補孔孟之偏。
孔孟之偏，即偏在專注人文方面。如論語之德目孝弟忠恕仁知，皆是專屬人文方面的，
孟子之仁義禮智愛敬等，亦是專屬人文方面的。而老莊乃是從自然界方面立論。
頗見孔孟之偏了。
荀子說莊子知有天而不知有人，但荀子的缺點又偏了。中庸之德目特出誠字，誠者
天之道，始於自然界，指其道德意義，因此引出一段不貳不息不已諸語等，
自然界而貫通到人文界，此即中庸與孔孟之不盡相同處。
如論語孔子曰：天下之達道五，然而七矣。但中庸只說忠恕違道不遠。又如有子說孝弟也者其
為仁之本與，但中庸雖亦引有關之孝，而造端乎夫婦之詩，又轉了詩，因此
亦見人道之敎矣，而夫婦則天道之範矣。因照自然順序，則先有夫婦而後有父子也。

宇宙觀，凝治者間[illegible]也。
又如孔孟專言仁，老子言天地不仁，易傳始言天地之大德曰生，此類兄中庸與易傳之皆從自然界之討論接證，可在我[illegible]一文論易傳與戴記中之[illegible]。

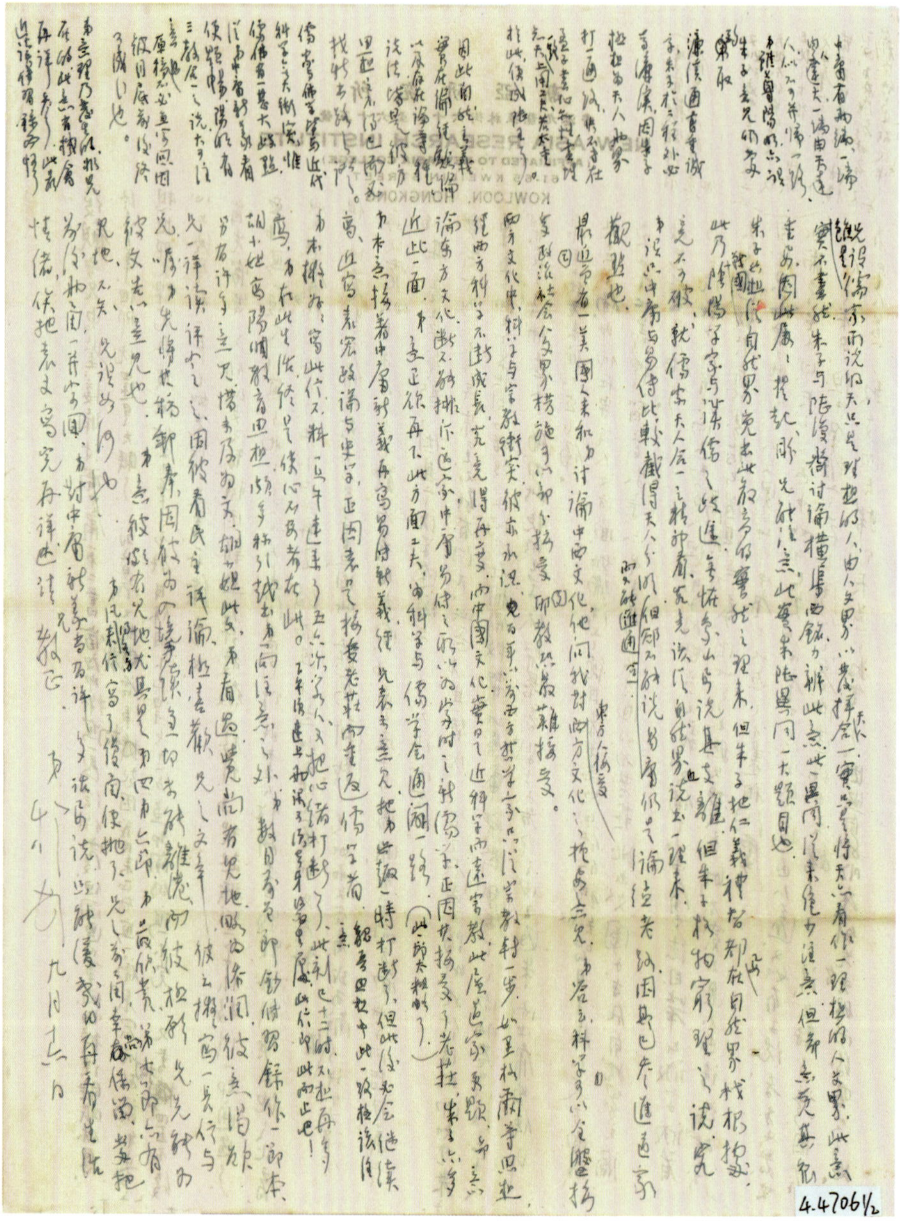
4.47061/2

弟數月前曾節鈔《傳習録》作一節本，另有許多意見，惜未及爲文。胡小姐此文，弟看過，覺尚有見地，略爲添潤。彼意渴欲兄一詳讀評定之，因彼看《民主評論》，極喜歡兄之文章。彼云擬寫一長信與兄，囑弟先將其稿郵奉，因彼爲入境手續，急切未能離港，而彼極願兄先能爲彼文告以意見也。弟意彼頗有見地，尤其是第四節六節，弟最欣賞第七節，亦有見地。不知兄謂如何也？原稿不必急寄回，因彼月底前後終可成行也。

弟凡得各方來信，寫了復函，便抛了。兄之前函，幸尚保留，當把前後兩函，一并寄回。弟對《中庸新義》尚有許多話要説，只能緩幾日再看生活情緒，俟把袁文寫完再詳述，請兄教正！弟意“理”乃發生的，非先在的。此意有機會再詳參。此最近讀《傳習録》而悟。

弟穆頓首

（一九五五年）九月十六日

復觀吾兄惠鑒：

九月二十日大示奉悉。所論各節，兹再分别奉答如次：

莊子與朱子對自然態度之相異點，弟對尊意甚表贊同。尊意又謂《易傳》、《中庸》雖匯通道家，而仍本人文精神。此層更無可反對者。至謂“透過修己工夫以看自然，爲理學與道家分手點”，此意弟微有異議，因道家亦有其一套修己工夫，非此一套工夫，亦不足以看自然也。舊作有《孟莊兩家之精神修養論》，即發揮其異同所在者。又謂“理有發生，亦有先在，大抵一問題推至最後，無可説明處，則稱之曰天，曰先在”，此層弟亦甚表贊同。弟《中庸新義》所以引起兄之懷疑者，厥亦有故。一則弟此文只是就《中庸》論《中庸》，僅當作思想史材料看，並非討論儒道兩家得失。立言各有體，不該處處牽涉進“進此抑彼”之意。弟關於儒道兩家異同得失，别處發揮已多，此文只另從一角度陳言，讀者須比而觀之始得，卻並非弟之轉换立場也。又兄謂《新義》釋“中和”異常精采，其實釋“中和”即從釋“誠明”來，若無前一節，轉不到後一節。《中庸》所以不著重仁義、孝弟、忠恕、愛敬諸德目，而另提出“中和”二字，若非從“誠明”節源頭説來，便成突兀矣。又弟此文，只是自己發揮，略去前人舊説，好像弟特創新解，其實前人本亦有如此説處，弟爲略去考據面貌，故未一一稱引耳。即如“尊德性而道問學”，鄭注：

> 德性，謂性至誠者。問學，學誠者也。

此寥寥數語，極精審。較之朱注，勝過遠甚。朱注云：

尊德性，所以存心，而極乎道體之大。道問學，所以致知，而盡乎道體之細。

此乃自述己見。鄭注扣緊《中庸》本書，最爲恰切。又《毛詩·皇矣箋》：

天之道尚誠實，貴性自然。

此等處見漢儒亦有不可磨處，然此只是說漢儒注釋有不走作勝宋儒處。若就思想義理言，弟固尊朱，非媚鄭者也。又《中庸》變則化，鄭注：

變，改惡爲善也。變之久，則化而性善也。

如此說性善，自見其近荀而遠於孟。然其從天道中轉出人道，不以人道反天道，則鄭氏要爲儒家正統矣。又如：

人有罪過，君子以人道治之。其人改，則止赦之，不責以人所不能。

此等處，弟所深好，以其平易近人也。又如《表記》注：

以先王成法擬度人，則難中也，當以時人相比方耳。

然則不僅不當以天道責之人人，並不當以先王之道責之人人，只當即以時人之道責之時人。此論意見，弟素深守。弟之喜《中庸》者在此等處。此因弟宗主陽明而然，弟之不喜以教主態度臨人者，亦因深喜此等理論故耳。

若細發“誠”字内涵義，而切就人文精神言，則惟有陽明“立誠”之訓最高亦最卑，人人可知，人人可行。惟《中庸新義》未及此處，則引而不發，立言有體，固不能在每一篇言專申己旨也。

《袁宏》一文已草就，因《新亞學報》需稿，擬不在《民評》刊載。如另有新篇，當如尊意，將《袁宏》一文儘先移《民評》刊出耳。

弟今年開始擔任“中國文學史”一課，積年對中國文學見解，有一機會從頭自己整理，三年後盼能有精力寫出一書，弟自信有發前人所未發者。匆頌

近祺！

弟穆頓首

（一九五五年）九月廿三日

尊函已積三封，緩日一并郵回，勿念！

復觀吾兄道席：

五日來示奉悉，同時得美琦來函，彼對兄獎借固所欣悦，然因兄措辭過於謙抑，使彼頗滋慚惶，彼謂殊感無法表其不安。弟不知兄之去函果如何云云也。

弟忽得教部來函，仍催弟隨隊去日，此事再三推辭，已歷一年，不便堅拒，只有勉允。大約於十七號可到臺北，盼能於廿號左右即啓程，在日三星期，仍須返臺，始可返港。兄近適去臺北，不便盼兄再來，然弟此行極匆促，新亞課務返港尚需補授，因均係大班，百人左右，並通史、文學史，均關重頭，不便曠課也。又研究生指導均有課程規定，弟擔任課務太多，實不能再有校外活動，此層極難得外間諒解也。或俟由日返臺再邀兄來臺北一面，如何？至去臺中，恐實在無暇抽身矣。

教部前允補助《民評》一款，屢催屢宕，直到今天主計處纔把收據寄來。若此次弟堅拒不去日，恐此款未必能收到也。

先秦家派，本不該嚴格劃分，此乃劉歆《七略》本《六家要旨》如此云云耳。此後即不擬再照此分別。儒家中儘多道家意見，自不能專有所謂道家一派，即王弼、郭象都羼進了儒家意見矣。弟寫了一篇袁宏，有暇擬寫一篇劉勰，此亦儒道混合之新説也。魏晉把儒合道，宋明把道合儒，只是分數多少而已。兄謂散文儒家影響多，韻文道家影響多，亦可如此説。弟則另有一説法，惟大體無甚違異也。

莊子如阮籍，孟子如陶潛，阮與陶爲詩中兩大派（亦可謂杜近孟，李近莊），而可分屬儒道兩邊，故弟不擬把韻、散分屬儒、道也。曾文正有《古文四象》，若把韻文、散文各分儒、道兩邊觀之，便可有新四象矣。今日匆匆，無心緒，此層緩日再細論。兄對桐城大有工夫，若能在文學史方面多表意見，亦可一新耳目也。所示講演兩題均有趣，尤深盼得兄講坎困者。達凱云兄款不急，故未交去，俟再問彼續告。

（一九五五年十月十一日）

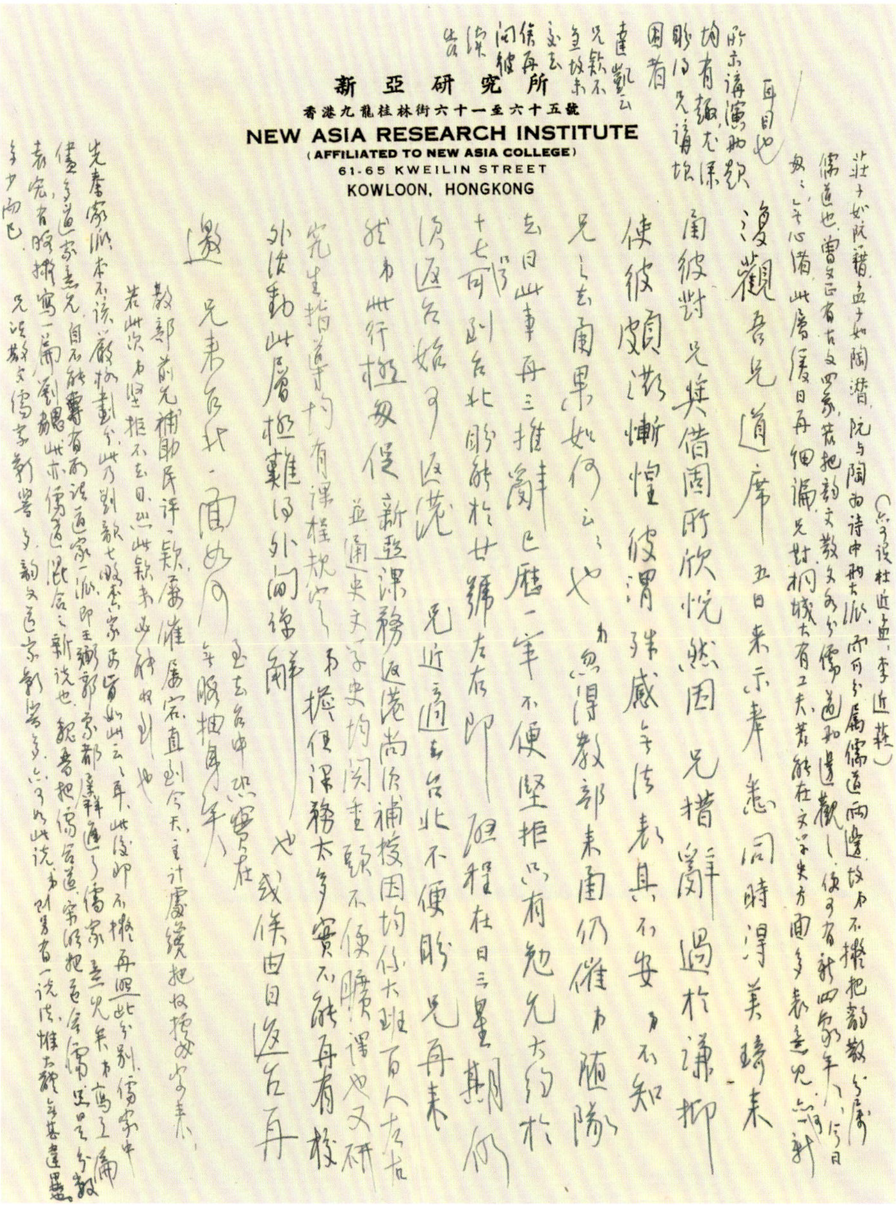

新亞研究所
香港九龍桂林街六十一至六十五號
NEW ASIA RESEARCH INSTITUTE
(AFFILIATED TO NEW ASIA COLLEGE)
61-65 KWEILIN STREET
KOWLOON, HONGKONG

復觀吾兄道席：五日來示奉悉，同時得美琦來函，彼對兄與儕同所欣悅，然因兄措辭過於謙抑，使彼頗滋慚惶，彼謂殊感無法表其不安，亦不知兄之去留果如何云云也。亦忽得教部來函，仍催亦隨隊去日，此事再三推辭，已歷一年，不便堅拒，只有勉允，大約於十七前後可到台北，聆教於廿號左右，即啟程，在日三星期，須返台始可返港。兄近適去台北，不便聆兄再來，然亦無行，擬及促新亞課務，返港尚須補授，因均係大班百人左右，並通史文字史均關重要，不便曠課也。又研究生指導等均有課程，缺之亦擬便課務太多，實不能再有校外活動，此層擬請外間諒解也。我俟由日返台再邀兄來台北一面如何？弟去台中，恐要在年底抽身耳。

（亦可說杜近孟，李近莊）莊子如阮籍，孟子如陶潛，阮與陶兩詩中兩大派，而可分屬儒道兩邊，故亦不擬把韻散分屬儒道也。曾文正有古文四象，若把韻文散文各分儒道和陰陽觀之，便可有新四象矣。何日敘之，弟心備此層，復日再細論。兄對桐城古文有工夫，若能在文學史方面多表見，亦可新耳目也。

所示講演稿均有趣，尤深欽服。得兄請將周看。達觀云兄欲不至，彼亦去，望去信再聞。彼深告。

教部前允補助研所之款，屢催屢宕，直到今天，主計處纔把款撥來，若此次亦堅拒不去日，恐此款未必能如此也。

先秦家派本不該嚴格劃分，此乃劉歆七略以下家派如此云云，弟此後即不擬再嚴此分別。儒家中儘多道家意見，自不能專有所謂道家一派，即王弼郭象都雜道了儒家意見矣。亦寫了一篇表示省略，擬寫一篇劉勰，此亦儒道混合之新說也。能否把儒家道家須把道家儒學是分散手少而已。兄說散文儒家影響多，韻文道家影響多，亦可如此說，弟別有一說法，惟大體無甚違異。

佛觀吾兄如面：

弟等廿六號夜抵東京。三十夜車轉奈良。一號傍晚達京都。預定五號返東京。今天弟在京都大學有一次講演。返東京後至少亦得有一次或兩次三次不定。一切情形尚良好。若之前能多有準備，則可能有更佳之成績耳。詳情統俟面謁。弟等旅費有限，於廿號前必可返臺北也。兄有函可寄：東京港區麻布鳥居坂二番地，國際文化會館，弟在彼尚可有旬日逗留也。

匆頌

近祺！

弟穆頓首

（一九五五年）十一月二日

佛觀吾兄惠鑒：

六日書已到。此行團體太嫌雜湊，大使館不合作，又乏理想譯人。弟一切安排俯仰隨人，日惟提心弔膽，恐爲國家失了體面。所幸日程已過三分二，此下若無大出錯，可以早賦歸歟。從容遊覽，無此心情矣。國家民族種種不如人，一出國境，感觸萬端。此行更長了些經驗，又多了些感想，也算是私人收穫。此刻節目已快完，大約於十八號可以離此。弟因語言不通，出門甚感不便，抑且不能獨自離隊，故他人儘多自由，弟則只有一心放在團體上。安岡已另由一日人約其來東京，當於星六之晚晤面。本約是晚晚餐長叙，但今天又臨時橫添節目，恐到時能有一二小時暢談，便意外滿意耳。

星六午文部省大臣於總理官邸招宴，或可晤及鳩山。若能有譯者從容與彼作一次長談，庶可稍有披達。然人多口雜，只是禮貌往返而已，則實無可從容也。昨夜在一某私立大學校長家晚餐，席間只弟與一譯人，從容長談過兩小時，彼穿了木屐，直送出小巷至大街上車。席間由其夫人親自侍酒獻茶，跪在一旁。我謂只有讀中國古書遇此情景，彼謂若獲第二次賞光，當囑老婦同席伴食。所惜此等機會不易多得。若能留此半載，必可有許多影響。此行只是胡闖，求不出事，已心滿意足而歸矣。

奈良留一日兩夜，日光匆匆可去一天。箱根去否未定，恐不去分數爲多。

弟穆啓

（一九五五年十一月）八日晚

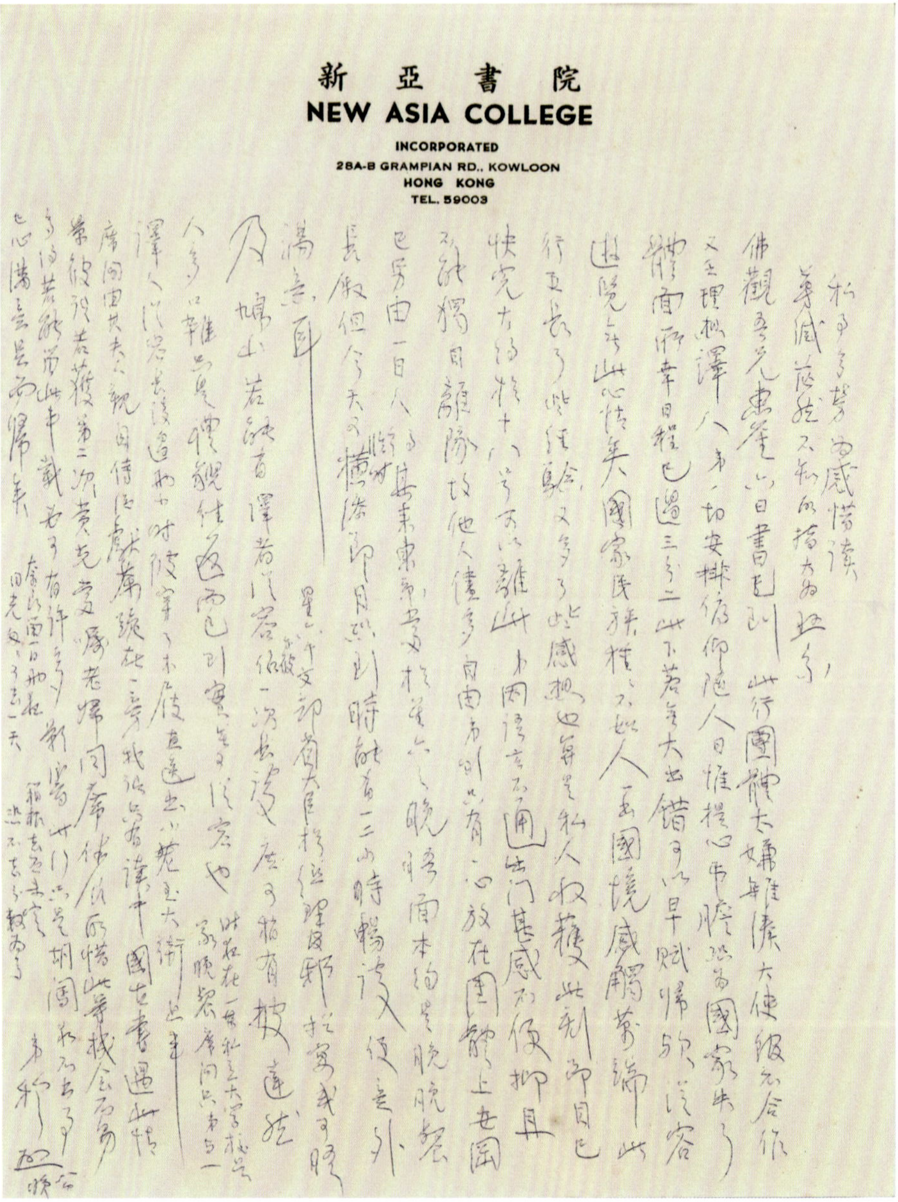

新亞書院
NEW ASIA COLLEGE
INCORPORATED
28A-B GRAMPIAN RD., KOWLOON
HONG KONG
TEL. 59003

私事多勞，而感惜讀
華[illegible]於不知所措大為[illegible]

佛觀吾兄惠鑒：六日書到。此行團體太嫌雜凑，大使館不合作，
文化理想譯人事一切安排，俱仰他人鼻息，推想此中詳情，恐為國家失了
體面。所幸日程已過三分之二，此下若無大出錯，可以早賦歸歟，從容
遊覽。然此心情，失[illegible]國家民族權利之人，到國境感觸萬端。此
行更是多了些經驗，又多了些感想，也算是私人收穫，此刻即可
快完。大約於十八號可以離此。本因語言不通，出門甚感不便，抑且
不能獨自離隊，故他人儘多自由，我則只有一心放在團體上。在國
已另由一日八[illegible]基東京[illegible]於[illegible]晚，晚間本館[illegible]晚晚[illegible]
長假，但今天又[illegible]橫濱，即日趕到，時就有一二小時暢談，使意外
滿意耳。星六中文部[illegible]大臣[illegible]理及鄉[illegible]於寒舍[illegible]
及
嫂夫人若能有譯者從容作一次長談，庶可稍有較[illegible]
人多口雜，只是禮貌往返而已，則實無可從容也。時在[illegible]大學[illegible]
譯人[illegible]長談[illegible]時[illegible]不使直達出[illegible]大[illegible]
庸[illegible]夫人觀[illegible]書[illegible]中國古書過此[illegible]
[illegible]第二次[illegible]老婦同庸[illegible]所惜此[illegible]
[illegible]此中[illegible]許多[illegible]胡[illegible]
也心滿意足而歸矣。
弟穆 頓首
[illegible]
[illegible]

一九五六

復觀吾兄大鑒：

久未通候爲念。昨日去學校，得見尊文討論《中庸新義》者，晚間攜歸，匆匆在燈下略繙一過，今日已送《民評》社，囑先發表。弟仍擬照例寫一答辨文，然所要説者，均已説過，實覺無多話可説。又事冗，究竟能否於下期趕成一短篇，則殊無把握耳。兄前之書緘，因遷居之後繼以新年，始終未檢奉。今讀尊文，更深歉惭。

弟讀大文後，覺有許多話不便在答辨文中説之，故特修此函，諒兄亦不爲怪也。弟覺兄文辭間頗少和易寬坦之氣，激宕縱逆，此固文章之能事，然論事則害事，論學則害學。文人之文，究與論事論學有辨。拙著《近三百年學術史》，以宋儒立場評清儒，此固無何不可；然以宋人筆法評覈漢學，弟心久之覺其終有憾。弟讀兄文，實具同感，不敢不告。至於治學用心，更貴平實。兄之此文牽涉及《中庸》成書年代，此事實自信所認甚真切，惟平日蓄積，懶未下筆爲文，因其粗節大綱易見者前人多已道及。日人武内氏有《〈中庸〉與〈易傳〉》一書，綜述清代疑《中庸》諸端。此猶如梁任公疑《老子》，殆可成定論。若進此更深入，則問題深細，卻未易草率爲之。

弟最近正擬彙集辨老莊者合刊一書，約得廿萬字，擬於最近一兩月内付印。舊稿有廿年以前者，不得不再細看一過。又正校《諸子繫年》，故對一切雜文均欲擺脱，暫不成新篇。即答足下此文，最多亦恐能潦草答之。至於《中庸》之爲晚出書，只能容後再單篇爲之，或與《易傳》辨僞同成一篇。此非數萬言不能終其辭也。

BY AIR MAIL
PAR AVION
香港九龍農圃道六號
新亞書院緘

昔戴東原氏謂有“十分之見”，謂有“未到十分之見”，弟於《老子》之晚出於莊周，《易》《庸》之晚出於孔孟，皆自謂有十分之見。遠自爲《先秦諸子繫年》以來，積之卅年，久而彌信。兄之爲文，似乎草率出之，未加細究。然弟於答辨文亦不擬涉及，

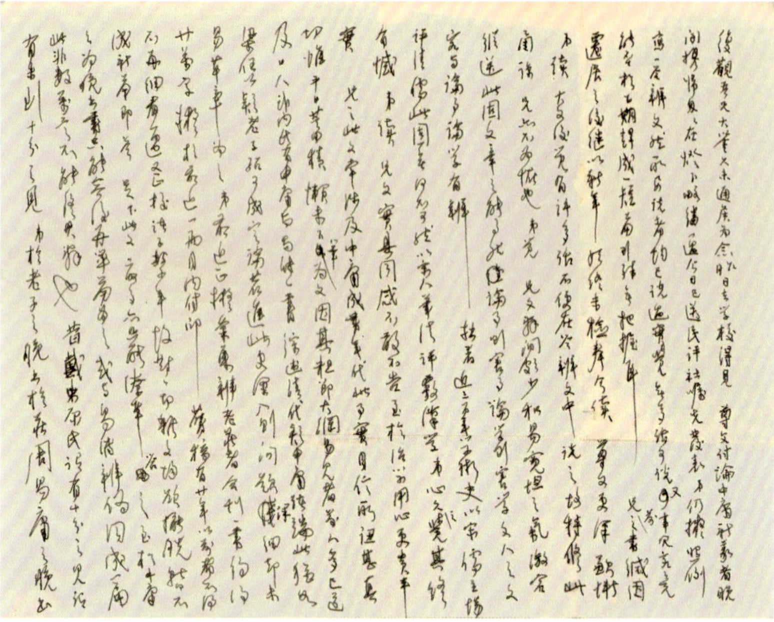

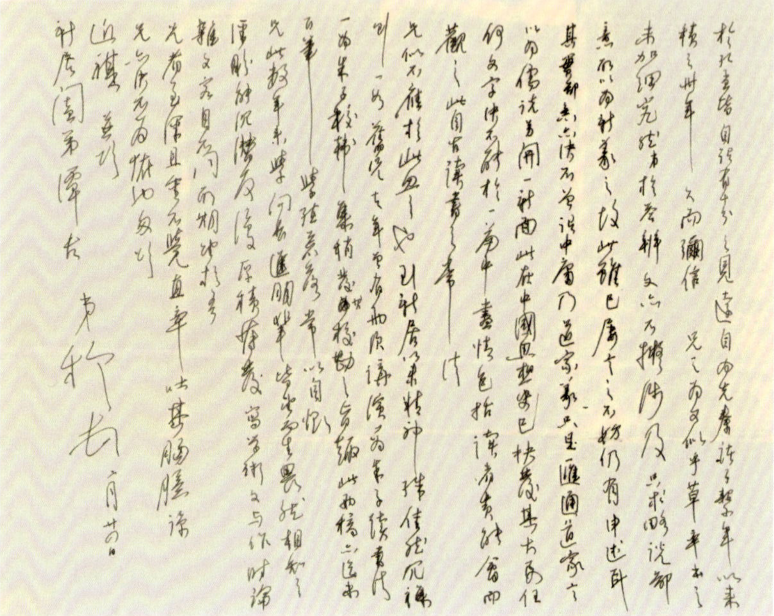

只求略説鄙意所以爲新義之故。此雖已屢言之，不妨仍有申述耳。其實鄙意亦決不曾謂《中庸》乃道家義，只是匯通道家言以爲儒説另開一新面，此在《中國思想史》已抉發其大要。任何文字，決不能於一篇中盡情包括，讀者貴能會而觀之。此自古讀書之常法，兄似不應於此忽之也。

到新居以來，精神殊佳，然冗雜則一如舊況。去年曾有兩次講演，一爲“朱子讀書法”，一爲“朱子校韓集”，稍發其校勘之旨趣。此兩稿亦迄未下筆，學殖荒落，常以自恨。

兄此數年來，學問長進，朋輩皆望而生畏。然相知之深，盼能沉潛反復，厚積薄發，寫學術文與作時論雜文究自不同。所期望於吾兄者至深且重，不覺直率吐其胸臆，諒兄亦決不爲怪也。匆頌

近祺！並頌

新居闔第潭吉！

弟穆頓首

（一九五六年）二月廿四日

復觀吾兄：

這幾天真是忙得不得開交，因臺方函電交促，漏夜趕寫一篇赴日訪問之感想，接著於昨今兩天抽空寫了一篇對兄之答辯文，接著便得爲《新亞學報》二期編稿，又爲《先秦諸子繫年》校稿，真是忙得不亦樂乎。我這篇答辯文，因對自己一面覺得話已説盡，改换筆鋒，從尊文指出其和《中庸》本書原義之不合處，似乎針對太緊了，這層請你原諒。好在學問之事本該辨個是非，兄亦決不見怪也。

關於《民評》事，弟曾屢與美方洽請助款，終未見著落。最近又有一番接洽，或可獲得小許數字，爲《民評》編印叢書，此層尚未到決定階段。至於《民評》常年經費，一向由中央方面補助，均由兄出面洽商，若兄一旦脱離，恐款項中止，豈不反而使《民評》夭折了？弟稍暇當作一書與曉公，微露兄意，看彼如何反應。若彼肯一力支持，則兄自可暫息仔肩，由弟與君毅再請一主編人接替，兄自然仍須從旁協助，弟則萬萬無此暇耳。萬一曉公來意，並不能一力支持，弟在臺更無走頭之路，兄便不宜急切脱身。此層已與君毅商量過，盼兄且待弟得確後再定辦法。遇事只宜忍，小不忍，亂大謀，務盼兄記取。此間事總是頭緒多，殺費安排。弟爲此太費心血，君毅亦未能全然明悉其一一，弟亦不便一一與之詳説，苦了一人，再苦一人，不如由弟一人落水，讓彼心情較和舒，能超身事外，於事轉有補，一同落水更不佳，此亦無可奈何也。弟遷居以來，體重增加，連天内連寫三萬字，仍然對各方應付，

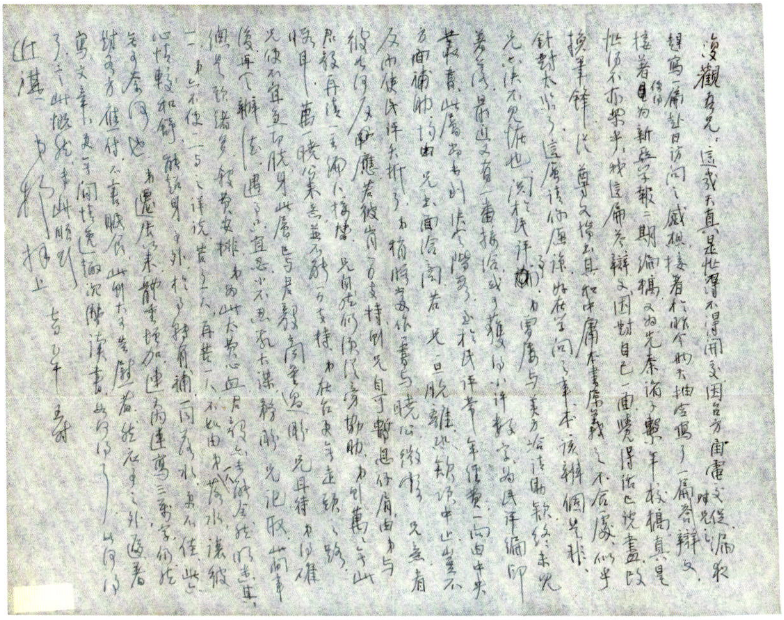

復觀吾兄：這幾天真是忙得不得閒，今因台方需文，從[illegible]
題寫一篇，對日訪問之感想，接着於此今的大抽空寫了一篇答辯文，[illegible]
接着又為新亞學報二期編稿，又為先秦諸子繫年校稿，真是
忙得不亦樂乎，我這篇答辯文，因對自己一面覺得話已說盡，改
換筆鋒，從尊文指出其和中庸本書原義之不合處，似乎
針對太少了，這層請你原諒，好在學問之事，本該辯個是非，
兄亦決不見怪也。[illegible]
[illegible]

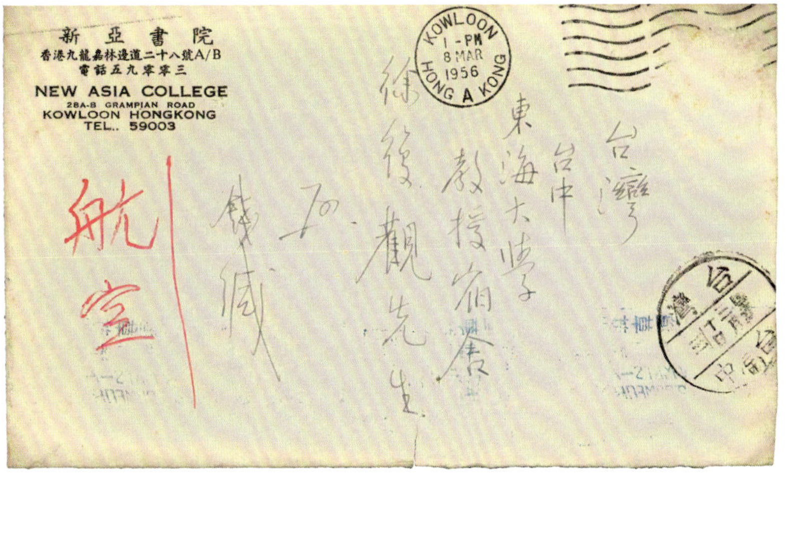

新亞書院
香港九龍嘉林邊道二十八號A/B
電話五九零零三
NEW ASIA COLLEGE
28A-B GRAMPIAN ROAD
KOWLOON HONGKONG
TEL.. 59003

KOWLOON
1-PM
8 MAR
1956
HONG A KONG

台灣
台中
東海大學
教授宿舍
徐復觀先生
錢緘
航空

不害眠食，此則大可告慰者。然應事之外，逼着寫文章，更無閒情逸趣沉潛讀書，如何得了，如何得了！言此慨然。專此，順頌

近祺!

弟穆拜上

（一九五六年三月）七日下午五時

復觀吾兄惠鑒：

前奉手書，久擱不復，實因握筆甚多棖觸，寫成終未寄出。學術異同，各有途轍，人之性氣既別，功力從入亦各不同，急切間未易相瞭，此亦無可如何之事。而牽涉及平生相處之意，則於鄙衷深感不快之所在也。穆終是冗雜，無暇進修，每以爲恨，最近又擬赴星加坡，約在此數日内成行，歸期當在五月杪。借此轉换，庶得稍紓心神而已。

《民評》前商事，聞對方已正式向美方主管處代達，或於本月底可有消息來，然恐仍無多大希望耳。弟擬候彼方回音再與兄細商，故亦久未理及此事也。《先秦諸子繫年》增定本已全部校竣，最近爲此增添許多忙迫，然此書仍能付梓，終是一快事。并此附聞，專頌

近祉！

弟穆啓

（一九五六年）四月十二日

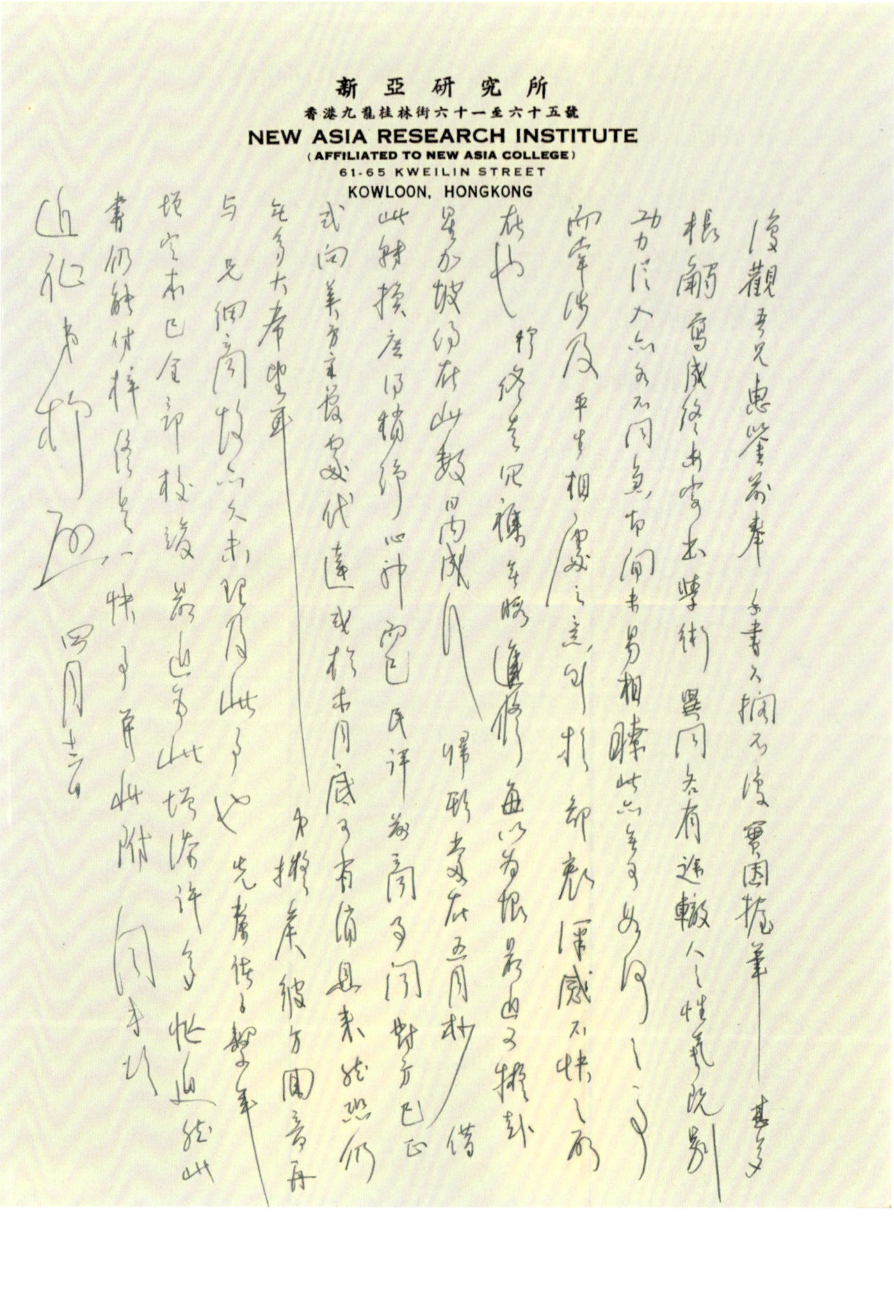
新亞研究所
香港九龍桂林街六十一至六十五號
NEW ASIA RESEARCH INSTITUTE
(AFFILIATED TO NEW ASIA COLLEGE)
61-65 KWEILIN STREET
KOWLOON, HONGKONG

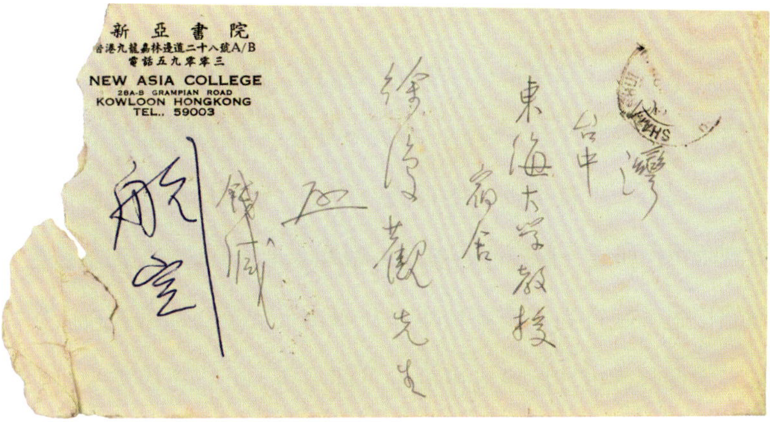
新亞書院
香港九龍嘉林邊道二十八號A/B
電話五九零零三
NEW ASIA COLLEGE
28A-B GRAMPIAN ROAD
KOWLOON HONGKONG
TEL.. 59003
台灣
台中
東海大學教授宿舍
徐復觀先生
錢緘

14.

佛觀吾兄大鑒：

昨奉手示，知弟前日一緘尚未達覽。想茲已登記室矣。弟星埠之行，改於今日下午啓程，約於下月廿五左右返港。

《民評》事待弟返，應得獲一決定。承囑向張某通函，亦擬俟到時再作決定，最好能勿多此一舉耳。《諸子繫年》因親校字，備感忙迫，臨行尚未全部校畢，只有由人代校。即弟親校者，亦未必能保無誤也。此書或可於五月間出版，此事全由港大研究院經辦，弟只得其十分一之版税報酬而已。西人對經濟數字一項，其律切注意，實與吾儕東方風習不同，到時恐其送弟者不過兩部爲最多耳。俟出版，盼囑金君徑自向港大購寄。如彼處送弟多册，弟當可轉贈一部也。匆匆不盡，即頌

近祺！

閤第均念！

弟穆拜啓

（一九五六年）四月十七日

美琦囑代候起居！

新亞研究所
香港九龍桂林街六十一至六十五號
NEW ASIA RESEARCH INSTITUTE
(AFFILIATED TO NEW ASIA COLLEGE)
61-65 KWEILIN STREET
KOWLOON, HONGKONG

佛觀吾兄大鑒：昨奉手示，知弟前寄一緘早達
覽，想均已收。祀宗案弟已與華引歸於今年四月杪，約於
下月廿五左右返港，屆時事待弟返港後得獲一決定矣。
尊論向張某通函亦擬俟斟酌時再作決定，最好勿多
此二書，即許子學年周敏校字，備感忙迫，請為
全部校畢，只有由人代校，印者亦系校者亦未能付印
諒也。此書我于於五月間出版，此事全由港大研究院經辦，弟
只須其十分之一之篇幅而已。西人對經濟數字一項其律切須
注意，實與吾儕東方風氣不同，即此類其送弟者不過兩部
為最多耳。俟出版時，僅全君須自向港大購
寄，如彼處送弟多冊，弟當轉贈一部也。匆匆不盡，即頌
近祺　弟穆拜啟　四月廿號
闔第均候。美琦附候伉儷起居

新亞書院
NEW ASIA COLLEGE
28A-B GRAMPIAN ROAD
KOWLOON HONGKONG
TEL.. 59003
KOWLOON
8-AM
18 APR
1956
HONG KONG
A
臺灣
臺中
東海大學教授
徐復觀先生
台啟
錢緘
航空

復觀吾兄大鑒：

弟已於四日前返港。此行雖匆促，而感觸殊深，惜事冗未能暢盡，留待緩日細告。

《民評》事在星時得此間蘇君函告，謂前商必有結果，惟爲數不能多。須俟在此晤蘇君再催詢，知注特告。弟初返即諸端叢集，内審精力不克以副，而卸肩難期，内心焦燎，誠不知何以自處也。

專此不另，即頌

近安！

弟穆啓

（一九五六年五月）廿六日

復觀吾兄惠鑒：

弟以學校事匆匆歸來，未能一遊馬來聯邦，爲憾。歸後諸事冗集，甚爲勞倦，幸尚未病耳。新亞經費有限，極難展布。刻下研究所所得經費反在學院之上，更增困難。經費來源不同，事業進行只能遷就經費來源，而同人或有不諒。雖有通盤籌劃之心，而彼此挹注，甚費安排。更難者，急切不易得人，深感苦痛。文系主任兄既表示不就，至今仍在物色中。研究所新人亦甚難延攬，一則限於經費，二則限於研究範圍。總求將來能不仗外力，俾可一如己意，而教育文化事業斷須經濟營養，決無能自給自足之可能，則理想永遠遷就事實，徒勞精力，常此支撑，故内心殊不愉快也。

《民評》求外力甚難。弟不能通英語，一切接洽必賴通譯。而任何一機構，必有從中操縱之人，實爲困難之癥結所在。昨日晤德璋，彼甚表興奮，隨晤彼方面人，乃知依然無大希望也。此事大致不致再拖，當可於本月中旬得一明確答復，至遲在廿號前應有決定。然決無大希望，最多得按月兩千港幣一年。盼兄就此數字再作一統籌之決定。

《人生》亦月得兩千，屢欲中斷，亦甚費斡旋，幸能繼續。最近貫之盼增加五百元，恐難如意耳。

宗三能去東大甚好，從旁擔擾者，亦是此數十年來學風趨嚮所應有之現象。大家不務實學，僅争門户，此最可嘆，然此決非筆舌可争。欲求扭轉此一頽風，惟有反其道而行之，一意實學，不立門户，實學盛則虛氣消，此在吾輩所當反省。果使在此實學日盛，則在彼虛氣自當漸消。吾道不行，仍只有反省一途可循也。

弟爲學校事必須赴臺一行。然何時能來，當視此間情形而定。餘統續及，順頌

闔第潭吉！

穆啓

（一九五六年）六月二號

尊況能早康復爲念，盼時示及。此紙誤擱又四日矣，五日寄出。

復觀吾兄大鑒：

七日函奉到。弟最近所寫一文將刊《新亞學報》，一文送臺教部，應蔣公七十論文之徵。《民評》久不爲文，然實乏暇構思，奈何奈何。教課實須精神，弟任教數十年，上堂總是用全力，課前亦必有準備，竊謂盡心教課，於自己學問實是大有進益。因有一客觀程範，積久得益始深。弟寫《先秦諸子繫年》，積稿六七年，一日在北大講堂講戰國史，忽然發悟蘇張縱横之無據，乃最後添入《蘇秦考》一篇。又教近三百年學術史，編講義寫至《古文尚書》一案，適值春假，擱筆不能下，外面種種遊樂亦都放棄。悶困旬日，忽然開悟，遂有《閻毛》之一章。此兩書内此兩節，皆極自得意，然皆因教課得之也。盼勿太專心研究問題而忽略了教課，此乃弟之自身經驗也。匆頌

近安！

弟穆頓首

（一九五六年）七月十二日

所欲寄三文，皆刊學報。玆不再付郵矣。學報第二期不日寄出，勿念。

復觀吾兄惠鑒：

臨行匆匆，不克赴醫院道別，歸後時以尊恙爲念。最近諒已返臺中，不知診斷結果如何，是否可在家打針服藥，不必再去院？東海處已開課，是否已覓妥代課人，俾得安心休養？一切甚念。所患既不獲急切痊復，自以告假一兩月，多注意養攝爲要。

《民主評論》港方協款，昨晤相關方面人，云仍未有確定，彼方已擬有成案而待上峰核定也。此間連日酷熱，儼如溽暑，弟每日上午去校，午刻返寓，必通身汗濕，下午便極倦，不能伏案。最近又當爲新校舍落成典禮忙碌一番，長此過時日，終難有親書卷之機會矣。專此，順頌

痊安！

嫂夫人均此！

弟穆拜啓

（一九五六年）九月廿四日

內人囑筆候安。

復觀吾兄惠鑒：臨行匆匆，不克赴醫院道別，歸後時以尊恙為念。最近諒已好轉，台中不知診斷結果如何。星期可在家打針服藥，不必再去醫院。東海學校已開課，度已覓妥代課人，俾得安心休養。一切甚念。所患既不獲急切痊愈，自以告假一兩月，多注意養攝為要。民主評論港方協款，聯晤相關方面人，亦仍未有確定，彼方已擬有成案，而仍待上峯核定也。此間連日酷熱，儼如溽暑，弟每日上午去校，午刻返寓，全身汗濕，下午便擱筆不能作事。最近又為新校舍落成典禮忙碌，盡是此過時日，絕難有親書卷之機會來寺。此順頌

痊安

嫂夫人均此

弟穆拜上 九月廿四日

內人囑筆候安

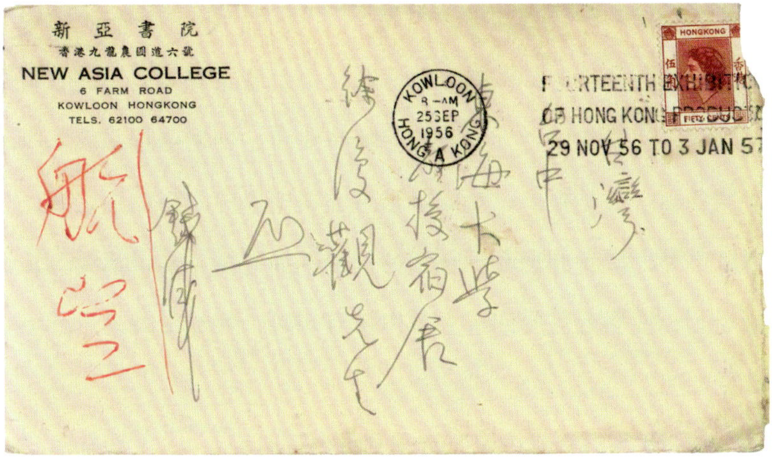
新亞書院
香港九龍農圃道六號
NEW ASIA COLLEGE
6 FARM ROAD
KOWLOON HONGKONG
TELS. 62100 64700
KOWLOON
8-AM
25 SEP
1956
HONG KONG
29 NOV 56 TO 3 JAN 57
HONGKONG
航空
台灣台中東海大學
徐復觀先生
錢緘

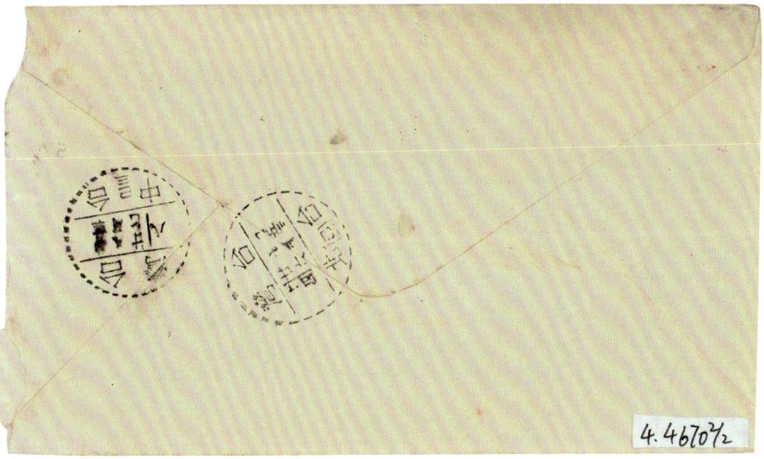
4.46702/2

復觀吾兄惠鑒：

接奉九月廿七日手緘，深憾吾兄仍是課業相累，未能且事小休，此固有不獲已者，然盼仍能隨時注意，勿過勞損爲念。所示擬開各課，甚是扼要，然史學思想史與史學史乃屬開山之業，教者既不易，學者亦恐難真有領會，似不如先授《羣書治要》（目録學），使學者且於四部大著作粗有知識，較爲易教易學，不知尊見如何？

新亞文系課程有中國經籍及文學名著選讀6–9，古籍導讀4–6、經學史4、目録學4，史系有中國文化史4–6、學術思想史4–6、史學史2–3、史學方法論4–6，哲系有中國哲學史6，似乎分得太瑣碎，不如尊擬扼要也。專復，順候

痊安！

弟穆頓首

（一九五六年）十月一日

宗三兄乞代道候。

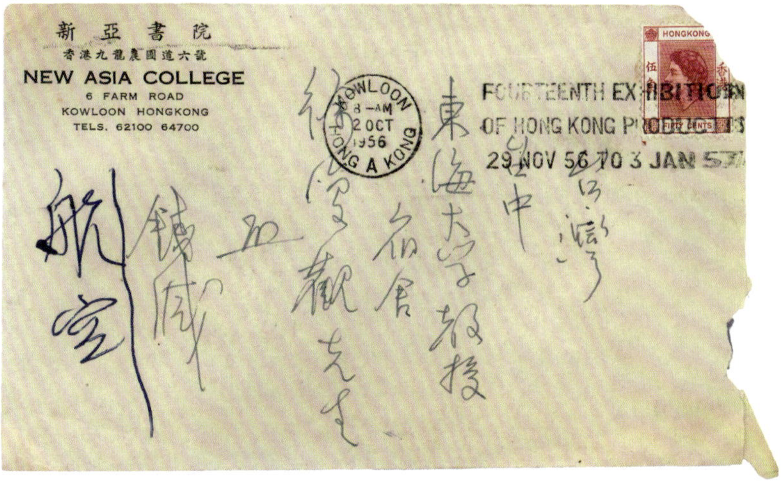
新亞書院
香港九龍農圃道六號
NEW ASIA COLLEGE
6 FARM ROAD
KOWLOON HONGKONG
TELS. 62100 64700
KOWLOON
8-AM
2 OCT
1956
HONG A KONG
FOURTEENTH EXHIBITION
OF HONG KONG PRODUCTS
29 NOV 56 TO 3 JAN 57

台灣
台北
4.46697/2

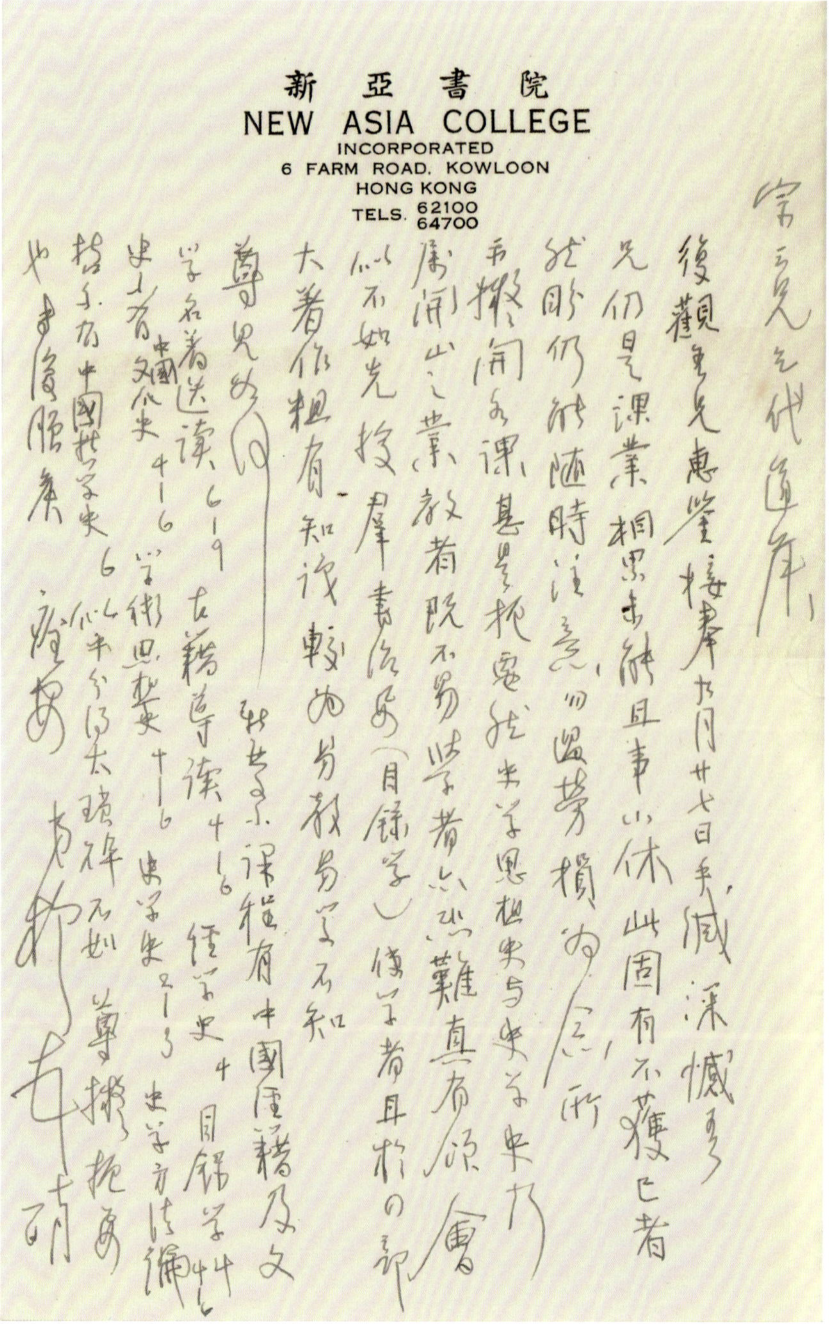

新亞書院
NEW ASIA COLLEGE
INCORPORATED
6 FARM ROAD, KOWLOON
HONG KONG
TELS. 62100 64700

賓四先生道席：

復觀先生惠鑒：接奉九月廿七日手緘，深愧多
先仍是課業相累，未能且事小休，此固有不獲已者，
然聰仍能隨時注意，四溫勞損，為念。所
示擬開各課，甚是抱憾，然史學思想史與史學史，在
屢聞此之業教者既不易覓，學者亦恐難真有領會，
似不如先授群書治要（目錄學），使學者耳於四部
大著作粗有知識，較為易教易學，不知
尊見以為何如？新亞下學期課程有中國經籍及文
學名著選讀 6-9，古籍導讀 4-6，經學史 4，目錄學 4-6，
史學名著 中國文化史 4-6，學術思想史 4-6，史學史 2-3，史學方法論，
哲學方面中國哲學史 6，似年分仍太瑣碎，不如尊擬扼要
也。專復，順候
近安

弟穆 十月一日

復觀吾兄左右:

手書奉悉。《清經解》，書估允打一八折，又已約其前來，當囑即寄。足下病中似不宜多看考據文字，此等若果精卓，讀之亦費心力，若膚淺者，更足敗人神思。穆病中總喜讀陶、韓集及《朱子語類》《指月録》等書，爲其可陶悦心情，長人精神也。足下病總以能著意頤養一時期爲要。專此，順候

教祺!

弟穆啓

（一九五六年）十一月廿日

弟欲知唐良雄君住址，儻足下不知，盼便轉詢徐頌喬兄轉告爲盼。又及。

復觀吾兄大鑒：

廿七日手書奉悉。《民評》八卷一期大作，俟刊出必詳細拜誦。惟鄙意學術行誼皆與世共見，而急切無法共喻。文章千古事，得失寸心知。他山之石，可以攻玉。弟於並世時流意見，未嘗不願虛心接納，其無法相合者，亦只有各行其是。每守孤詣，非敢自負，然亦不樂自辨白，良以筆墨口舌争辨，往往無所得而轉增擾攘，自分心力耳。至於更有不足辨者，則更惟有置之不理而已。

吾兄體況尚非健復，能多涵養爲宜。弟每讀古今人文字，有自道胸臆，絶不見糾纏葛藤者，斯爲最上。如心中有對，則筆下有渣滓，氣度風格轉自卑近。弟心知其意，而自所抒寫時不免於此病，每以自疚，故敢以奉想於賢者。弟每愛莊周“何與人俱來之多也”之語，又曰“送者皆自崖而返，而君自此遠矣”，弟每竊慕此心境，若能胸中無擾，稱心直達，快何如之！故亦不願見相愛者之陷此糾擾也。

《民評》事前日特約某君詢問，彼云此事在根本上又生枝節，恐急切難望如前議。弟已專告鄭君竹璋，或彼已徑相聞。鄙意苟此刊尚能維持，暫不必再在彼處想法，如真陷困境，則彼處門户仍開，仍可求援手耳。專此，復頌

春祺！

弟穆拜啓

（一九五六年）十二月卅日

新亞書院
NEW ASIA COLLEGE
INCORPORATED
6 FARM ROAD, KOWLOON
HONG KONG
TELS. 62100
64700

復觀吾兄大鑒：廿七日手書奉悉。民評八卷一期大作俱刊出，必詳細拜
誦。惟鄙意學術行誼皆貴世共見，而急切無法共喻。文章千古事，得失
寸心知。他山之石，可以攻玉。弟於並世時流意見，未嘗不虛心接納。其無法相合
者，只自有各行其是。每常抱謗毀，敢自負，然亦不樂自辯白。良以筆墨口舌
辯徒之無所得而轉增擾攘，自分心力耳。至於更有不足辯者，則更
惟有置之不理而已。吾兄體況尚非健復，能多涵養為宜。弟每讀古今
人文字，有自道胸臆，絕不見糾纏葛藤者，斯為最上。如心中有對，則筆下有
渣滓，氣度風格轉自卑近。弟心知其意，而自所抒寫，時亦未免於此病，每以
自戒，故敢以奉規於賢者。弟每愛莊周「何與人偶，未之多也」之語，
又曰「送者皆自崖而返，而君遠矣」，弟每竊慕此心境。蓋能胸中無擾，私
心直達，快何如之。故亦不願見相愛者之陷此糾擾也。民評事前日
特約某君詢問，彼云此事存根本上又生枝節，然急切難
興此等議。弟已專告鄭君竹璋，我彼已經相聞。鄙意苟此
刊為能維持，暫不必再在彼處多想法。如真陷困境，則彼需要開口，
仍詢何可求援手。專此候
春祺
弟穆拜啓
十二月廿日

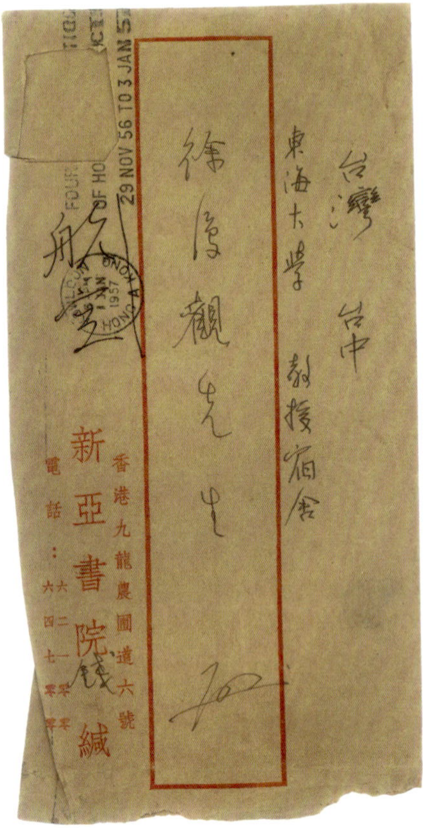
台灣 台中
東海大學 教授宿舍
徐復觀先生
航空
新亞書院 錢緘
香港九龍農圃道六號
29 NOV 56 TO 3 JAN 57

一九五七

復觀吾兄著席:

前奉賜書，隨復一緘，諒先達覽。大文已拜誦，并於潤孫兄處得原文兩篇，亦瀏覽一過。

兄之持論，就鄙見自所同感。爲指示初學方嚮，此等文字亦誠不可少。然風氣所趨，終恐一時甚難挽回，思之慨然。弟嘗謂一代學術，必有指示塗轍者導其先路，每有意就此方面有所撰寫，而終恨事冗，又此事體大，未敢率爾下筆。

年來偶有幾篇零碎文章，均已逐續發表過者，擬稍積印刷費，於明年彙刊一專册，然終非鄙意積想所在。若對方續有争辨，得兄再進一步答復，此後彙成一編，亦大佳事。然要之，此非可於轉變時風求速效耳。

去歲來臺北，獲廿五年前北大舊講義《秦漢史》一種，頃已付梓。惟此稿只迄新莽東漢一代，懶於續寫，又常此冗雜，即舊稿亦不能再有潤色改定。此書約一月後可出版，然亦多解釋，於彼輩所想望提倡之新史學，則甚感去之遥遠矣。《老莊通辨》亦得稿廿萬字，當於年内亦謀彙刊也。專此，順候

痊祺!

弟穆拜啓

（一九五七年）一月八日

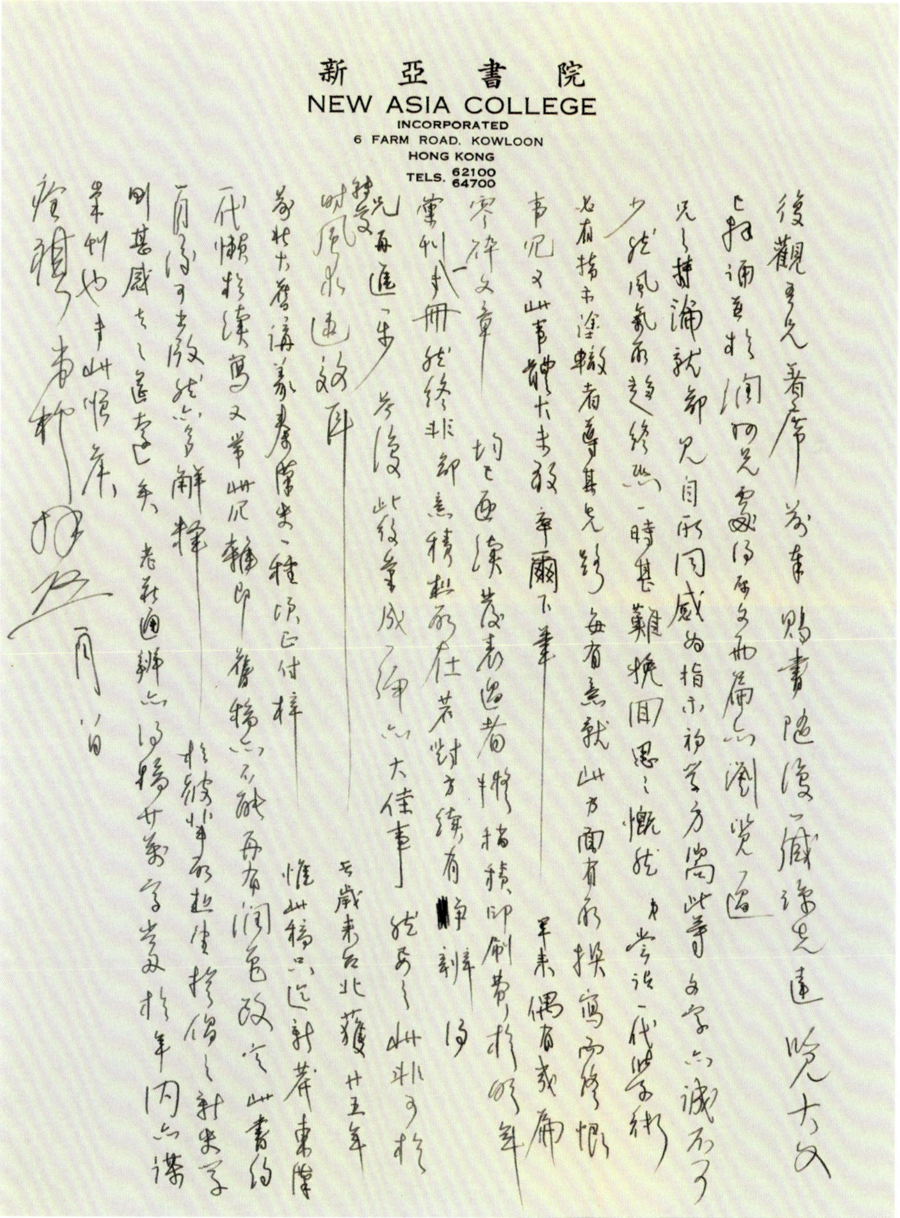

新亞書院
NEW ASIA COLLEGE
INCORPORATED
6 FARM ROAD, KOWLOON
HONG KONG
TELS. 62100
64700

復觀吾兄著席：前年賜書，隨復一緘，諒先達覽。大文已拜誦，並於[illegible]見寄得若干篇，亦瀏覽過。兄之持論，就鄙見自所同感，為指示於學者方向，此等文字亦誠不可少。然風氣所趨，終恐一時甚難挽回，思之慨然。弟嘗謂一代學術必有指示塗轍者，尤貴其先能每有意就此方面有所撰寫，常覺事冗，又此事體大，未敢率爾下筆。年來偶有散篇零碎文章，均已匯集發表過者，將摘積印刷，費時於明年叢刊一冊，然終非鄙意積極所在。若對方續有[illegible]，得先再進一步，寫後此後彙成編，亦大佳事，然弟之此非可於轉瞬時所求速效耳。去歲來台北，獲廿五年前北大舊講義秦漢史一種，頃已付梓。惟此稿只近新莽東漢一代，懶於續寫，又嫌此冗，轉印舊稿，亦不能再有潤色，故此書[illegible]有得可去啟，然亦多解釋。於續[illegible]所超[illegible]撰得之新史學，則甚感去之遙遠已矣。若能通辦，亦得稿廿萬字，當或於年內亦[illegible]未刊也。專此順候

著祺

弟錢穆 頓首 月 日

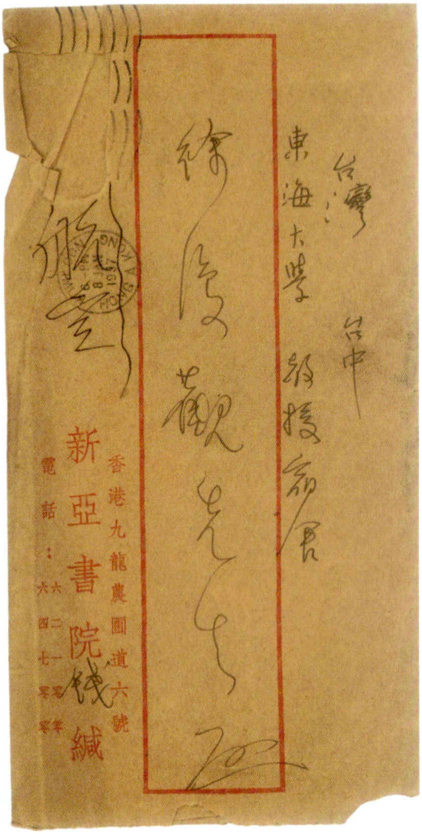
台灣
台中
東海大學
徐復觀先生
香港九龍農圃道六號
新亞書院錢緘
電話：六二一零零
六四七零零

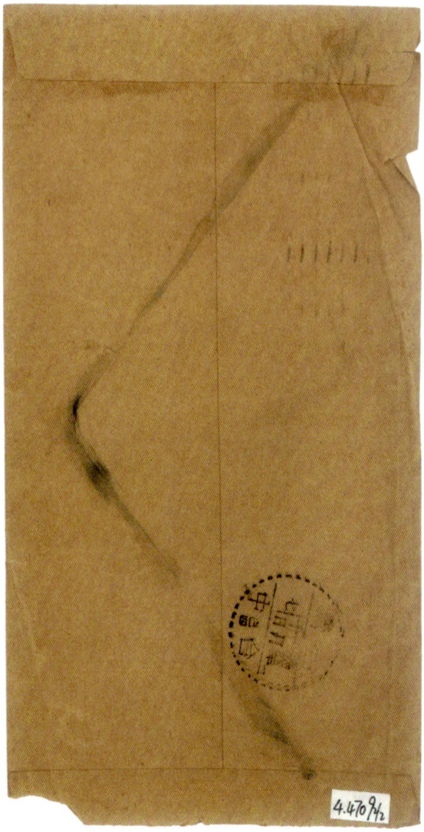

復觀吾兄大鑒：

頃接臺北張君九如一文，特以轉奉。彼意願刊《民評》，即希酌裁。文中略有小疵，如十八房不始於明成祖，陸桴亭、張楊園不應與徐乾學爲伍，更不當稱之爲媕婀夸毗之學，胡安定、孫泰山不當列南宋朱張之後，王船山不應列東林顧高之前，凡此之類，若以付載，統須代爲改定也。

拙稿《秦漢史》頃方付排，預計當一月後始可出版，《老莊通辨》當於一月後再以付印。另一書擬名《學籥》，亦當於一月後再付印。若在中央書局出版，此間極難銷售，並拙稿均於校對時作最後改定，故就近付梓，較爲方便。或設法印出後郵寄一兩百册，託中央書局代售，惟郵寄亦極費周折耳。專此，順頌

近祺！

並賀新禧！

弟錢穆頓首

（一九五七年）一月卅日除夕

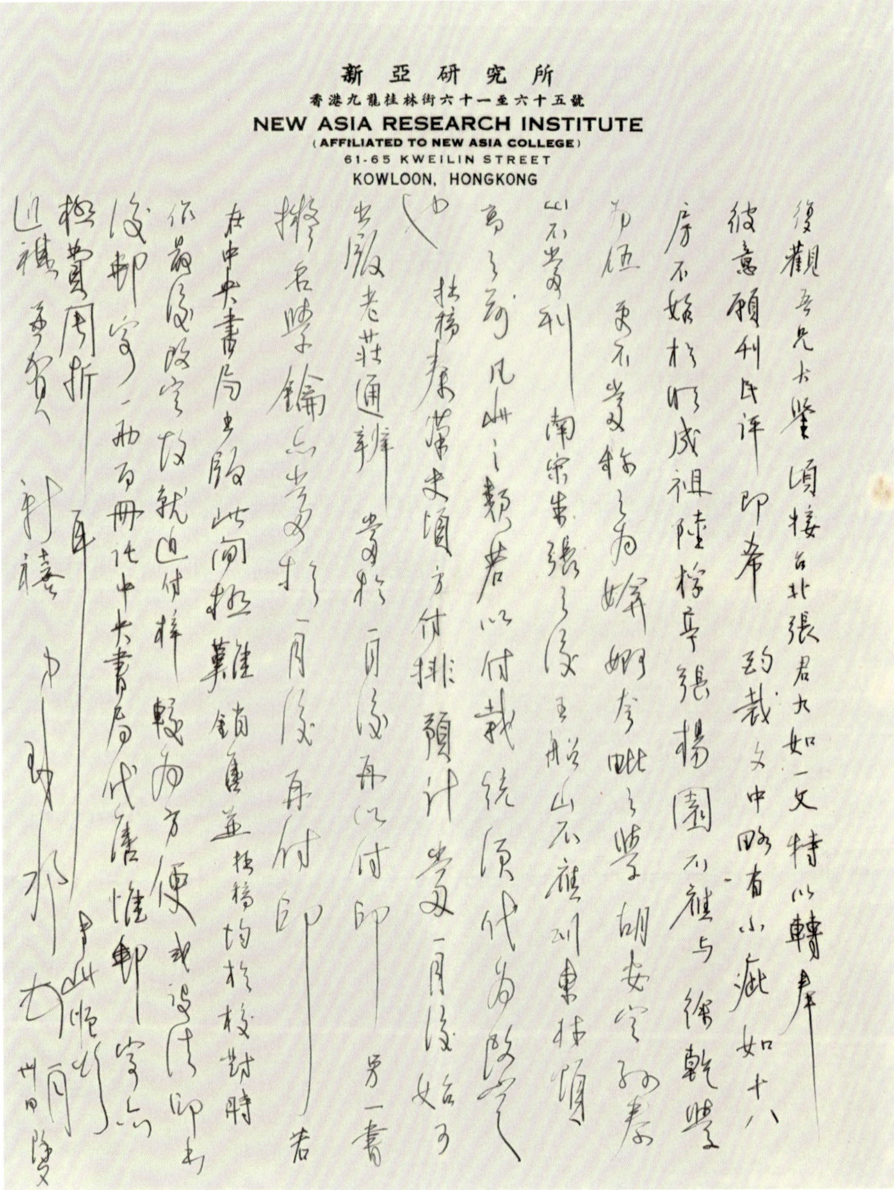
新亞研究所
香港九龍桂林街六十一至六十五號
NEW ASIA RESEARCH INSTITUTE
(AFFILIATED TO NEW ASIA COLLEGE)
61-65 KWEILIN STREET
KOWLOON, HONGKONG

復觀吾兄大鑒：頃接台北張君九如一文，特以轉奉
彼意頗利在評印，希 酌裁。文中略有小疵，如十八
房不始於明成祖，陸稼亭、張楊園不能與徐乾學
為伍，更不當稱之為嫡嫡參毗之學，胡安定孫泰山
亦不當列 南宋書張之後，王船山不應列東林憤
嘉之列，凡此之類，若以付載，統須代為改定。
拙稿秦漢史頃方付排，預計當在一月後始可
出版，老莊通辨當於一月後再以付印。另一書
擬名學籥，亦當於一月後再付印。若
在中央書局出版，此間推銷售並拙稿均校對時
作為復改，實故就近付梓較為方便。或設法印出
後郵寄一兩百冊，託中央書局代售，惟郵寄亦
極費周折耳。
近祺。
弟穆啟 十一月廿四日

復觀吾兄大鑒：

奉十六日惠書，欣悉所患無大妨，已返校，惟仍盼善爲珍攝爲念。

東大前途，甚所盼重。來示云云，雖甚簡略，然讀之實滋不歡。兄復辭去系務，想尚有不得已處。然爲尊況計，亦宜多有休養耳。

穆在此亦亟求讓賢，總在一兩年内，必求擺脱。年節只校《秦漢史》，尚未竣事，大約再一月，准可出書。回視二十餘年前舊著，總有不滿己意處，然今日欲另爲一書，已無此意興，只有一仍舊貫。學殖荒落，實不宜常此而往也。《老莊通辨》亦已再自整理一遍，俟《秦漢史》出版，即續印此書。目下只有整理舊作，甚難再有新著，深引爲恨。專此，復頌

大安！

弟穆啓

（一九五七年二月）二十三日

《民評》協款此間尚未完全絶望，且俟此間所商告一段落，再做進一步打算可也。

尚有《學籥》一稿、《兩漢今古文經學評議》一稿，當可於一年内絡續付印也。又及。

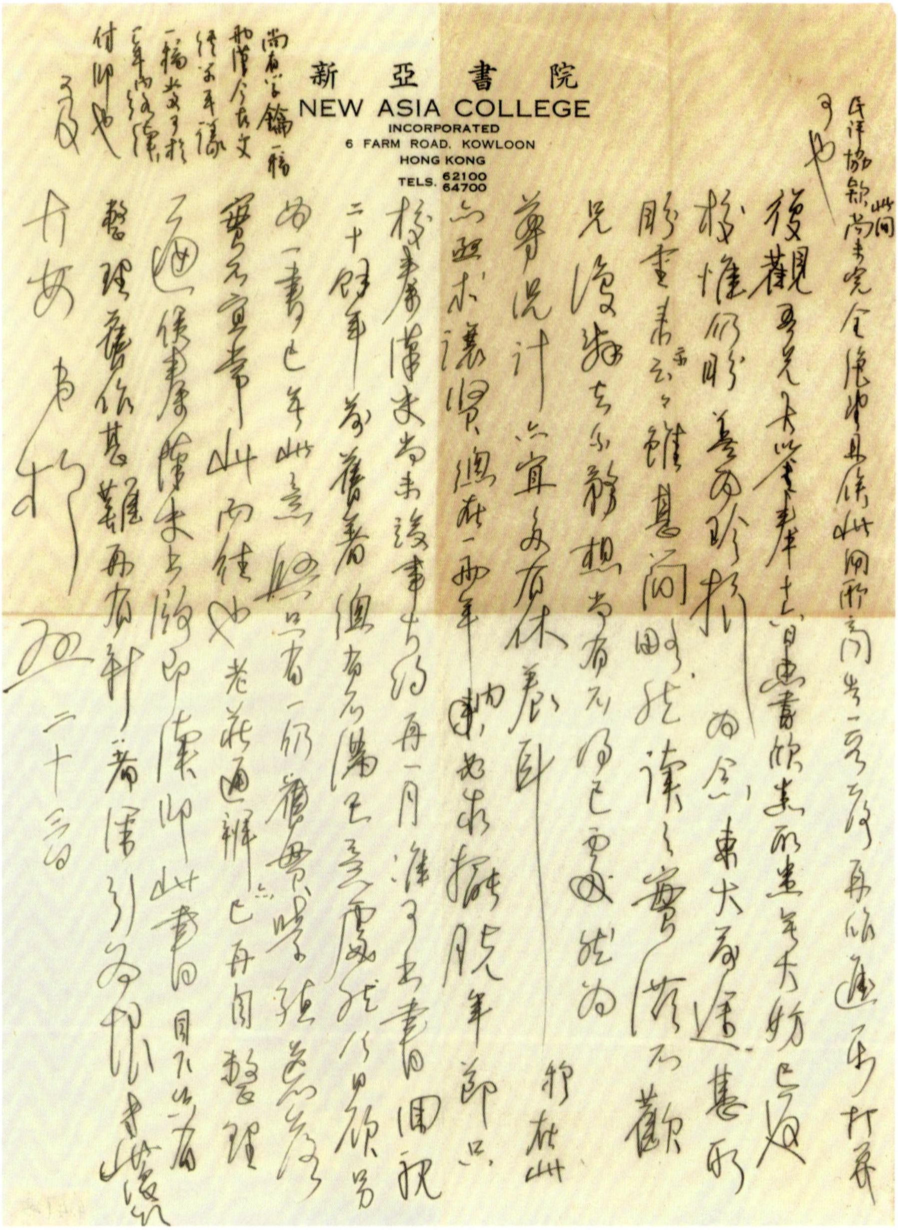

新亞書院
NEW ASIA COLLEGE
INCORPORATED
6 FARM ROAD, KOWLOON
HONG KONG
TELS. 62100
64700

復觀吾兄如晤：

昨奉惠書，殊出意外。隨以轉丕介，彼意對此八年顧復，一旦夭折，極感可惜。因思此間洽談本未終結，一兩日內當與竹璋約面。儻彼願留，弟當親自與相手方一細談之。如暑後仍可續命，當再函告。萬一不如意，則只有一遵所示耳。

弟今日校《秦漢史》已畢，只缺一序文，預期本月內□□□版，繼此即續排《莊老通辨》。盡日總爲校字忙過，然在冗雜中亦惟此可以聊遣心神，稍感快意也。專此，復頌

近祺！

弟穆頓首

（一九五七年）三月十二日

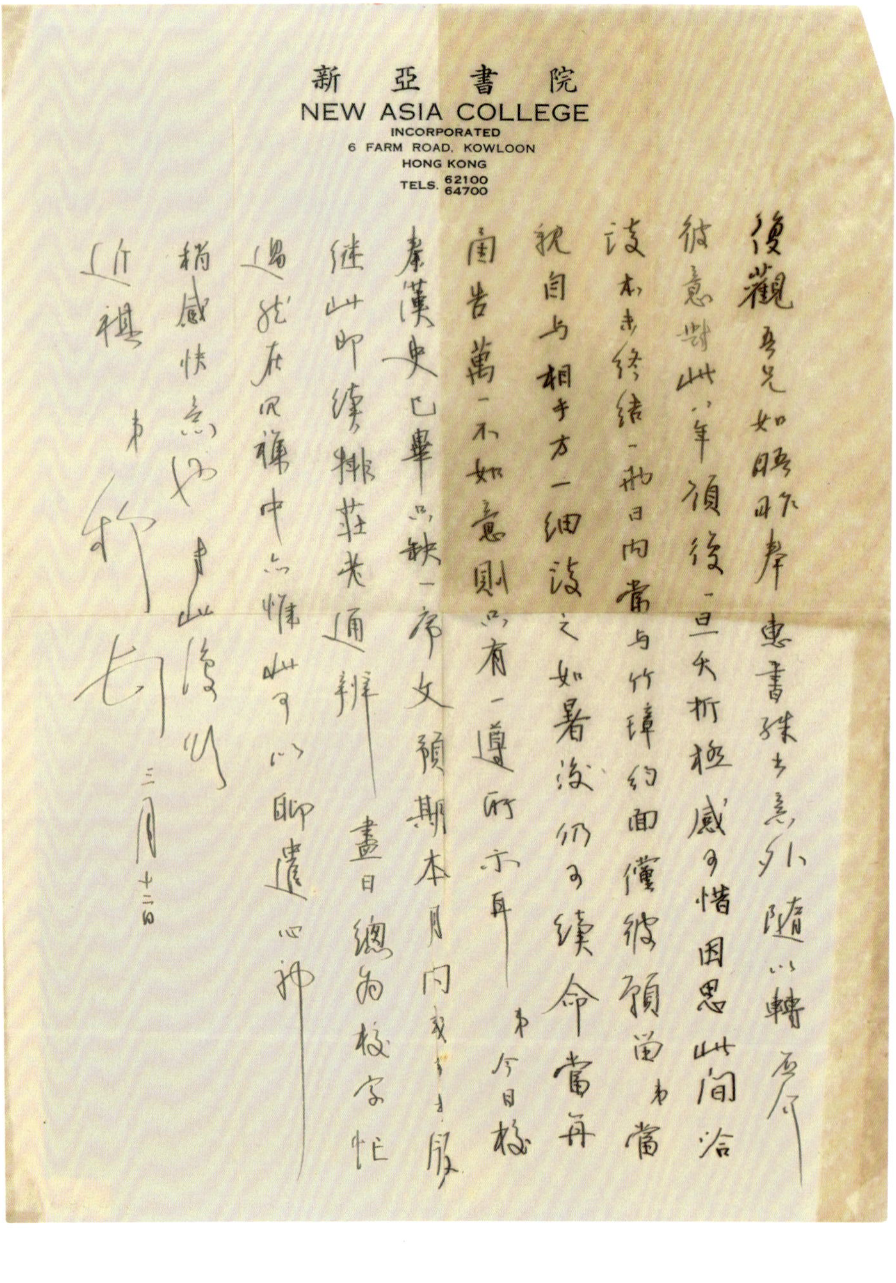
新亞書院
NEW ASIA COLLEGE
INCORPORATED
6 FARM ROAD, KOWLOON
HONG KONG
TELS. 62100
64700

復觀吾兄如晤：昨奉惠書，殊出意外，隨以轉示。彼意對此六年領導一旦夭折，極感可惜。因思此間洽談未易終結，一兩日內當與竹韓約面，僅彼領留，弟當親自與相弟方一細談之。如暑後仍可續命，當再函告。萬一不如意，則亦有一遵行示耳。弟今日校秦漢史已畢，亦缺一序文，預期本月內或可寄出。繼此即續排莊老通辨，盡日總為校字忙。過然在風雨中，亦惟此可以聊遣心神，稍感快意也。專此復頌
近祺
弟穆 頓首
三月十二日

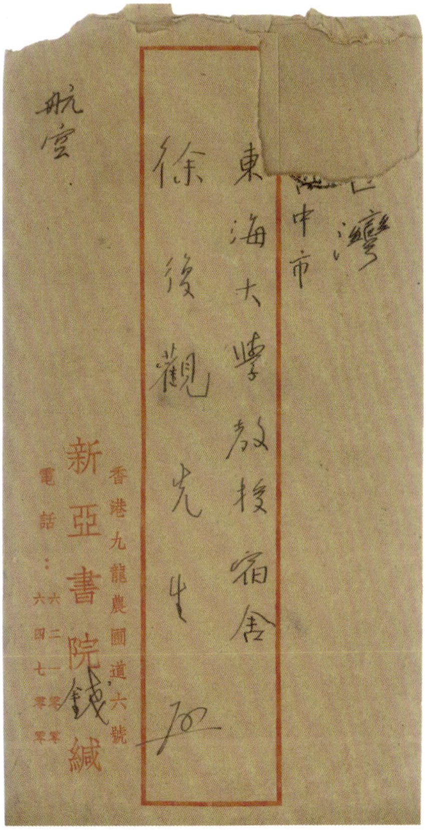
航空
臺灣
臺中市
東海大學教授宿舍
徐復觀先生
啟
香港九龍農圃道六號
新亞書院
錢
緘
電話：六六二一零零
六四七一零零

4.46834/2

復觀兄如面：

疊奉兩函，並潤孫返此，備道種切，既慰渴念，復增懸馳。蒙惠凍頂茶，此品穆所甚嗜，謝謝。東大波折未已，極所惋惜。創一學府，事大不易，而人事糾紛，發展不能如所預想，此正不是東大一校如此。大抵在今日之社會人心風習之下，能盼一正常發展之團體與事業，實大不易。苟使人心丕變，風習轉移，則正不止一學校一團體可見成績而已。弟雖盼曾君留任，然弟私人亦亟思擺脱，精力不敷，意興日倦，甚難勉强也。潤孫轉達尊意，此固積年所想望，惟若明知其不可而爲之，此亦决非處事之道。私意盼兄能平心静氣，四面照顧，求能必成事實。此雖其權不全在己，然先就其可爲者爲之。枉尺以直尋，此固爲孟子所斥，然委曲求全，亦不爲儒理所不許。幸細斟酌。苟能如所想望，實不僅爲此間所私幸而已也。言不盡意，萬希諒照。專頌
近祺！

闔第均念！

弟穆啓

（一九五七年）三月廿七日

內人囑筆道候。

復觀兄如晤：

關於《民評》事，弟屢度接洽，始終認爲可有成議，乃昨得確訊，知此事已無望。因舊金山方面改定新原則，對此間一切刊物，均予停止補助。惟《人生》以年代已久，並在舊金山方面有人幕後支持，幸無問題。此間曾爲兩刊物，一舊有者，一新增者即《民評》去電力争，得復仍持原議。弟爲此事，明日當與彼中人正式一談，然所得訊乃甚確者，則此事斷已無望。此刊若即此夭折，甚爲可惜，望兄仍爲積年辛勤，能親赴臺北一行，諒政府對此刊物，亦斷不致堅決必欲其中斷也。萬一明晚或有其他消息，弟當再告。然恐決無新辦法，故特先函奉聞。

弟此數月來專爲《莊老通辨》逐篇校對，續有增潤，兹已大體就緒，尚有下卷三四篇待校，大約於八月間當可出書。此稿積年久，弟自問多創論，殆不在閻百詩《尚書古文疏證》之下。惟閻書亦經長期論難，弟之此稿亦不望立見有定論，然要之自信甚深。積稿能彙集印出，亦近年一快事也。專此，順候

近祺！

弟穆啓

（一九五七年四月）四日

復觀兄如晤：

《民評》事已與竹璋兄商酌，由其先向前途去函。穆本擬於週内親去面洽，惟彼方當事人適去星埠，須於四月廿日前後始能返港，届時當再專爲此事去作最後商談，惟大體當無問題耳。

閱報見曾校長辭職，殊爲懸念，盼便轉爲致意。爲東大前途計，苟可繼續維持，仍當以勉爲其難爲是。穆於一兩年内，亦必擺脱此間任務。曾校長之苦衷，穆可約略體諒到。然此校新創，總以能多維持一時期爲妥耳。

《秦漢史》不日排印完竣，因事冗，尚缺一序，當捉暇草草寫成，即可出書。繼此續印《莊老通辨》。此稿積廿餘年心力，尚有可觀，約兩月内可排竣。繼此再印《學鑰》，則爲指導初學，無甚深價值也。常此冗雜，絶無暇晷可以潛心只理舊稿，終非心之所安，因此必擺脱現職也。近來又爲創辦中學及藝術館奔走，弟在職一日則必盡一日之力爲之。既已決心去職，故能勉此奔走耳。專此，順候

近祺！

弟穆啓

（一九五七年四月）十九日

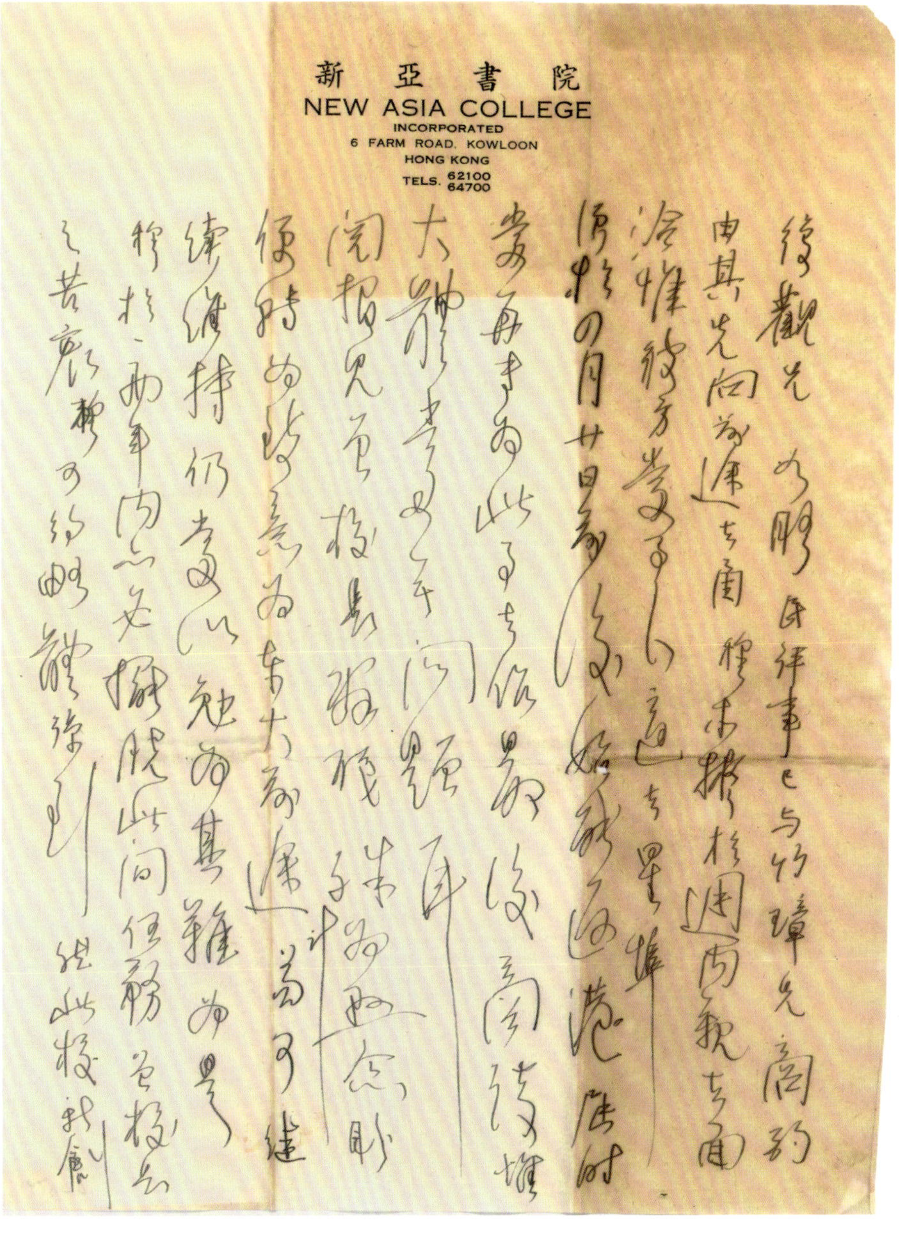
新亞書院
NEW ASIA COLLEGE
INCORPORATED
6 FARM ROAD. KOWLOON
HONG KONG
TELS. 62100
64700

復觀兄如晤：聘任事已与竹璋兄商酌，由其先向[illegible]遽去函，穆亦擬於週內親去面洽。惟穆方[illegible]以意過去畢事，須於四月廿日前後始能返港，屆時當再函。此事去[illegible]最後[illegible]。大駕[illegible]如年[illegible]開題[illegible]。閱報見兄已獲長期[illegible]，為兄慶慰。係[illegible]時如[illegible]意為東方大[illegible]遽為可繼續維持，仍當以勉為其難為是。穆於兩年內必定擺脫此間任務，為校去之苦，穆甚可紓，[illegible]撰綏

錢穆 [illegible]

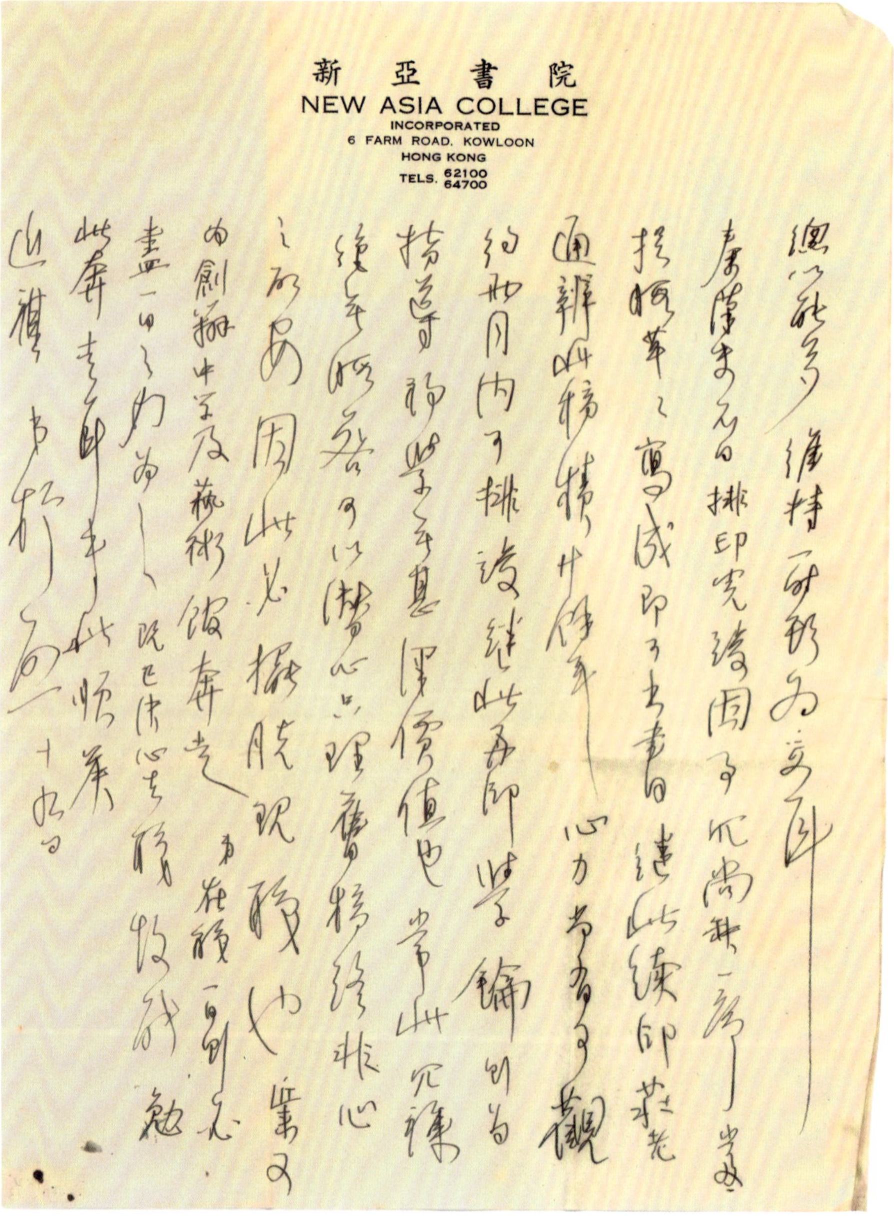

新亞書院
NEW ASIA COLLEGE
INCORPORATED
6 FARM ROAD, KOWLOON
HONG KONG
TELS. 62100
64700

總之能多維持研究所為妥。
秦漢史只需排印完竣，因手頭尚無一部，此後
損幅革之寫成即可出書，繼此續印莊老
通辨，此稿積卅餘年心力，尚有可觀，
約卅月內可排竣，繼此再印此學論則當
指導研學者具其價值也。常此研究稿
續年既然可以潛心整理舊稿，終非心
之所安，因此急擬脫稿也。業又
由創辦中學及藝術館奔走，亦在積一日則心
盡一日之力為之，既已決心去職，
此奔走事此時幾攸找勉
近祺 弟穆啟 十八日

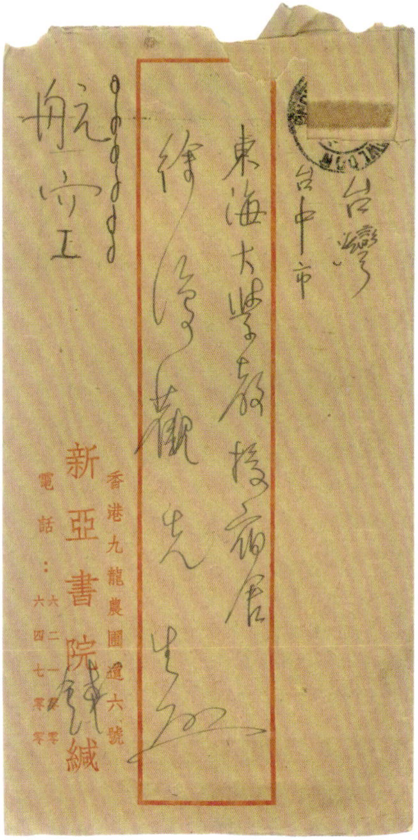
航空
台灣
台中市
東海大學教授宿舍
徐復觀先生
香港九龍農圃道六號
新亞書院錢緘
電話：六二一零零
六四七零零

4.4679 3/3

復觀吾兄：

上月廿九日來書今日奉悉，所告云云真是出人意外。弟常覺平日讀儒家書太多，不宜在今日之社會出頭做事。尤其是香港複雜異常，人人心理變態，極難懸一高標準以相周旋。弟感此苦有年，早有引退之意，惟學校急切甚難抽身，然去志則早決。目下只待與耶魯協定五年期滿。此下耶魯協款雖仍有繼續，而弟可有一客觀之期限辭卸校務，專意教課，於公於私，兩俱有益。大致到明暑，弟必引去也。因此兄之所告，在弟並無刺戟不快，種種情形，類此者尚多，弟不便一一告人耳。

《莊老通辨》刻正付印，共約廿萬字外，此書弟甚自信，實可爲莊先老後作一定論也。曾君能繼續東海任務，此大佳事。急流勇退，此是古訓，然亦須到一段落。曾君處境殊不能與弟相提並論耳。專復，順候

近祺！

弟穆拜啓

（一九五七年）五月二日

復觀吾兄大鑒：

五日惠緘已收到。《秦漢史》乃廿五年前匆促寫成之講義，此後即未修改，中有幾項新創見未經人道，又行文體例亦能一氣呵成，惟此而已。若論全體，終非無病。《莊老通辨》則卅年來絡續得稿，自謂此案可勝閻百詩之辨《古文尚書》也。補證一篇，已屬碎屑。刻全稿方付印，再過兩月，定可出版，當再奉正。然此問題必待再數十年而後能定，即閻辨《尚書》古文，亦非當身得舉世之是認也。

《民評》大致不成問題，然催亦無用，姑待旬日半月，必可得確復耳。東海經此變動，甚爲可惜，然外人在中國辦教會學校，依以前經過成績看，終無大希望。而且此次東大創始，彼輩即因大陸教會學校失敗，而求嚴格辦成一像樣合理想之宣教機關，此一大原則已誤了。弟早在東大籌備時已獲此影像，將來發展恐終難滿意也。曾君在校，此項趨勢尚不顯著。竊恐人事更動，則此項潛伏意識必逐步展開，弟之惜曾君之去爲此。餘不多及。專頌

教祺！

弟穆拜啓

（一九五七年五月）十一日

暑中無暇，不擬來臺。又及。

佛觀吾兄大鑒：

前函諒已達，亞基會因即日新舊人事交替，倍形忙碌。弟於前晨獲一機會去該處，對舊管人詳談一上午。《民評》事大致仍可有望。惟須再與新管人再商。而弟歸途下巴士扭傷足，連日不得出門。因此該事仍未得決定，然大致似可無問題。十四日舊管人離此，弟盼於彼行前得一決定，此事似乎十八九有望。惟爲數斷不能多，只求能勉强維持，亦得恐勞錦注，特先告聞。即頌

近祺！

弟穆頓首

（一九五七年七月）十日

新　亞　書　院
NEW ASIA COLLEGE
INCORPORATED
6 FARM ROAD, KOWLOON
HONG KONG
TELS. 62100
64700

復觀吾兄大鑒：兩得手書，並書畫會目印刷

舊[illegible]楊信雅地，係弟於前年獲識

會長徐[illegible]，蓋舊友之誼，[illegible]上年[illegible]

之大師何可有望，惟所與新舊之有商

弟歸途下巴士扭傷足，未能出門，

因此諸事仍未得決，能大師何時能面

頭十日當赴臺小住，此來恐於北[illegible]

得決，此事須半月十九有望，惟可敬

斷不能再如此[illegible]綜轉之[illegible]

此請　餘俟續告　即頌

近祺　弟錢穆拜　十四

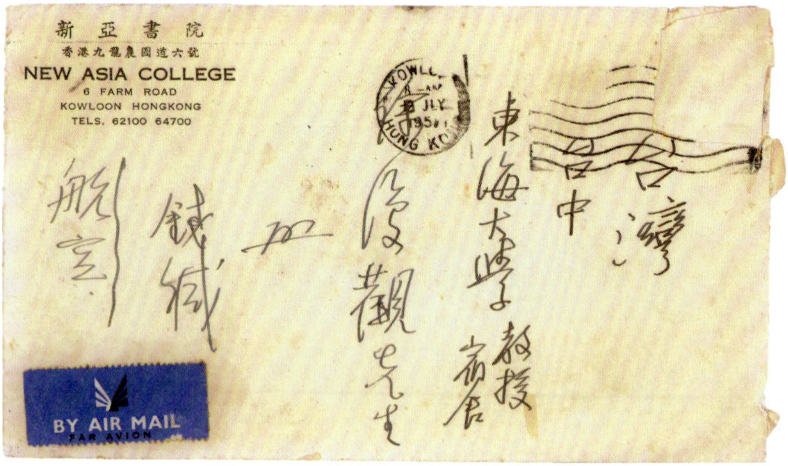
新亞書院
香港九龍農圃道六號
NEW ASIA COLLEGE
6 FARM ROAD
KOWLOON HONGKONG
TELS. 62100 64700
台灣
台中
東海大學 教授
徐復觀先生
錢緘
BY AIR MAIL
PAR AVION

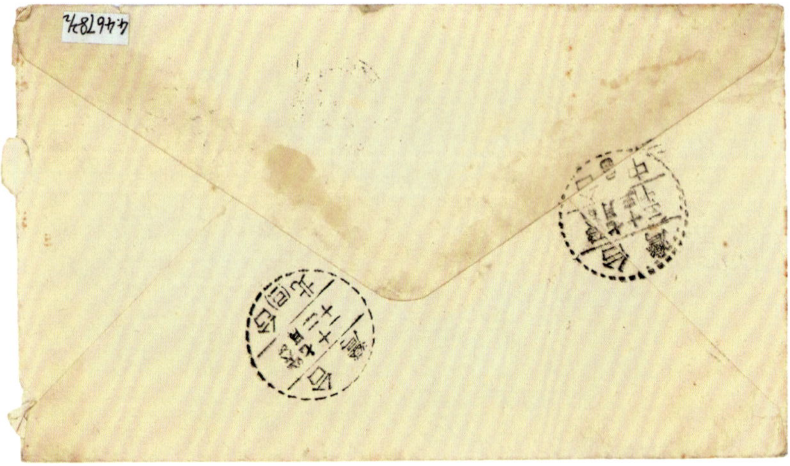

復觀吾兄如晤：

昨獲十五日來書，悉兄赴臺北檢查，不知結果如何？深以爲念。四日一緘後，又續奉一緘，諒亦入覽。弟傷足至今未愈。所洽舊管人已離港，新替人似乎是謹守繩墨者，聞所商事依然去電舊金山，仍未能在此徑作決定。弟須足疾愈，始能出門，究竟結果，尚須有待。一切事不能自立，最爲苦痛。弟主持新亞，感觸彌深，恨未能一一爲外人道耳。

《莊老通辨》係弟自印，書出即當郵奉。惟爲足疾遲誤，不到八月底恐難出版也。舊學整理，一方面自在探討著述，另一面仍不能忽了幹濟陶鑄，必知行雙方齊頭並進，所以更見爲難。兄在東大能提倡風氣，曷勝馳想。專此，順候

痊安！

弟穆拜啓

（一九五七年）七月十九日

復觀吾兄大鑒：

弟腳疾纏綿，深以爲苦。前談事，舊管人極願襄助，新替人亦無異議。惟因上峰既有原則指示，不便在自由款項下首批即作違背指示之使用，此亦情理。刻待舊管人返國，親向上峰關説，只求解此誤會，便可無問題，故最後消息仍須有待。彼輩在此做事，往往一年一變計劃。故今年縱得過去，明年仍又有問題。此層昨已與竹璋詳細談及，諒彼當亦有信報告也。熊君事甚難通融，此一關若打破，困難重重，並亦無以對以往也。内人適返臺，尊駕已離，不及晤面矣。此間連日大熱，甚爲悶損。不一。即頌

近安！

闔第均念！

弟穆啓

（一九五七年七月）廿四日

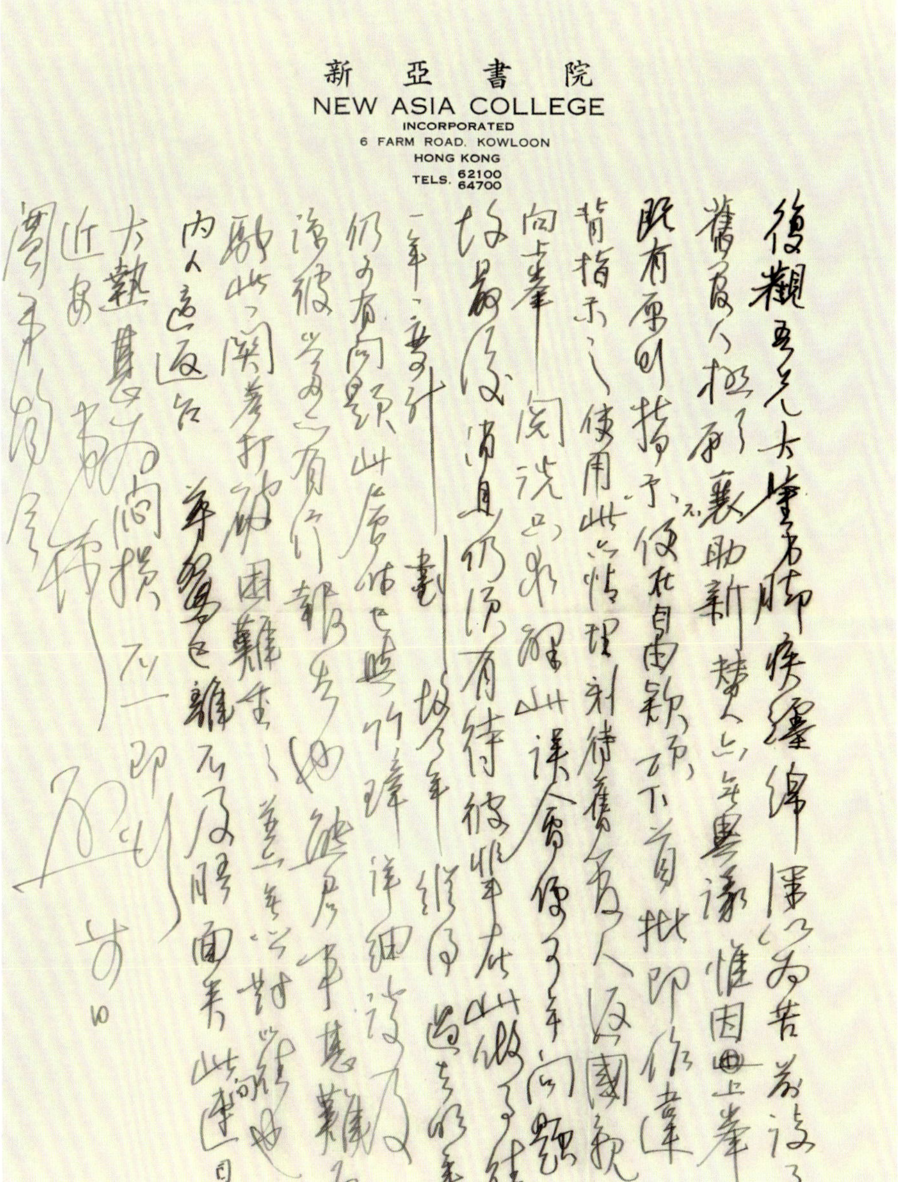
新亞書院
NEW ASIA COLLEGE
INCORPORATED
6 FARM ROAD, KOWLOON
HONG KONG
TELS. 62100
64700

復觀吾兄大鑒：前晤快談，備悉一一，茲有奉告者，請予
舊友人概允襄助新亞，此次去美接洽，惟因此上峯
既有原則指示，下款項不得在自由款項下首批即作違
背指示之使用，此次情理新舊友人返國親
向上峯閱說，正式提出此議，會後于年內向彼
故前說消息仍須有待，彼此均在此期予往
一年之預計　劃　故今年經過遠去明年
仍有向題，此次估必就所詳細談及
談彼此之預計，新亞之事甚艱難
敵此，閱卷行政困難等之處，其一封寄達
內人亦返台　弟穆又雖不及賜面告，此函
大熱甚為問候，不一即頌
近安　　穆　　廿日
閤府均候

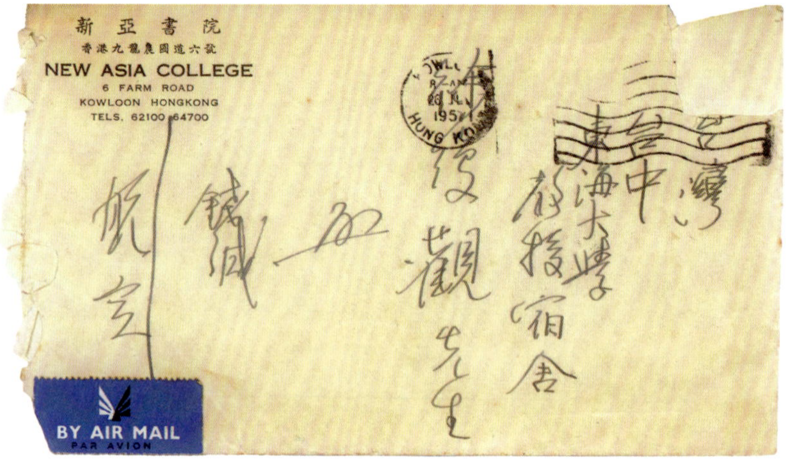
新亞書院
香港九龍農圃道六號
NEW ASIA COLLEGE
6 FARM ROAD
KOWLOON HONGKONG
TELS. 62100 64700
BY AIR MAIL
PAR AVION

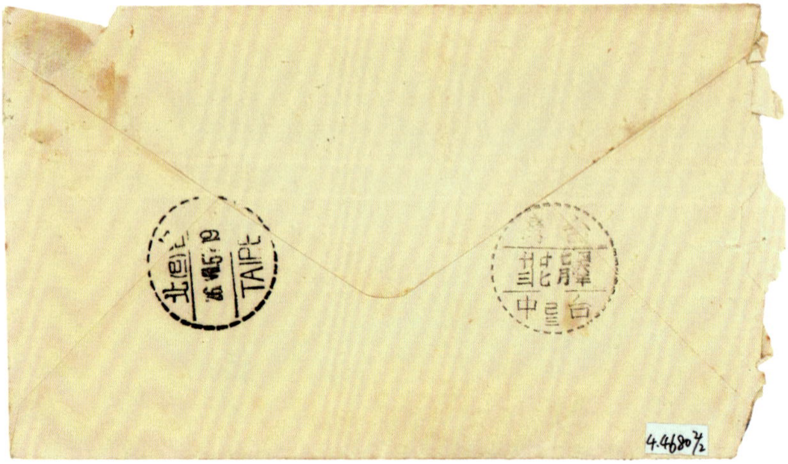
TAIPEI

復觀吾兄大鑒：

弟之足疾初謂無妨，不料迄今仍未全復，然最近已日見輕減，幸可釋念。內人此次返臺，到後即通一電話至杭州南路《民評》分社，悉尊駕已返臺中，不克訪候爲悵。嫂夫人摯情，即當轉告，惟彼滯臺期短，恐不願多離二老膝下耳。兄駕下月如赴臺北，則甚盼告以行期，彼必來奉訪也。胡家住新生南路一段 143 巷 18 號。

承告課程計劃，竊謂《文心雕龍》自是佳著，然近賢尊推逾分，此書究是南北朝時代之產物，於唐宋以下文學境詣，若專作此書，即不免蔑棄矣。早期盛推此書者，其心中仍不免選派與桐城派壁壘門户之見未盡泯除。講學一涉門户，終是憾事也。《文史通義》與《古文辭類纂》惜能抉發其深趣者不多，兄何不兼此三書合講爲佳耳。《史》《漢》亦最好能兼講。

連日足疾，得暇便偃卧，偶繙《李習之集》，忽晤到唐代古文運動與儒學復興之一問題。惟此題牽涉甚廣，韓、柳兩家不同何在，須兼治李與劉、吕，乃可窺見。又韓、李自有大異，俟秋涼或可撰一文揭發。私見自謂所欲提出之諸意見，皆非從來論文者所注意也。老來偶繙一書，即覺有種種想法自心底湧出，惜徒爲人事牽纏，未能再潛心書册，把從來積見一一抉出，洵憾事也。欲講中國文化與思想，即就唐代論，經學即遠不如文學之重要。故就群經大義來看，各時代思想其間仍隔一膜，終不免爲一種門面語。在學問思想上確有成就者，決然能時時推陳出新。若講唐代思想，詩文集之重要，即遠勝於經學注疏也。率述以供再示。

潤孫當於本月廿日前後去歐，君毅約於八月底返港。君邁先生意欲對中國文化態度發一宣言，私意此事似無甚意義。學術研究貴在沉潛縝密，又貴相互間各有專精，數十年來學風頹敗已極，今日極而思反，正貴主持風氣者導一正路，此決不在文字口説上向一般群衆從可視聽而興波瀾，又恐更引起門户壁壘耳。弟頗心賞君邁在《祖國》發表論蘇俄思想諸篇，兄曾見及否？

弟此數年來，於社會經濟史、於文學史兩途稍有進境。社會史較難，有更難於文學史者，惟社會經濟合併言之，則見其易耳。然細思社會經濟史只能指點出一路向與規模，得一二好學相從者，可以勝任撰寫。文學史方面則非基礎修養深，不易驟瞭，儻得閒暇，擬在此方面擇要寫幾篇長文。題目積存胸中者已多，從未下筆。如興到，或即從最近所悟韓、柳方面下手寫第一篇，弟對韓、柳自謂用力甚久，最近讀劉、吕集，始有新悟，再看李集，益自信所悟之有深趣也。然過一些時，意興敗了，即不想寫。際此時會，甚盼得如兄者當面暢論一番，不煩翻書本，不煩成篇章，一吐爲快。然在此竟並此難得。昨夜偶與劉百閔談此，只談一兩節，而胸中牽涉此題可有十幾節，如鯁在喉，深以爲不快也。匆復，順候

近祺！

嫂夫人諸姪均念。

弟穆啓

（一九五七年）八月一日

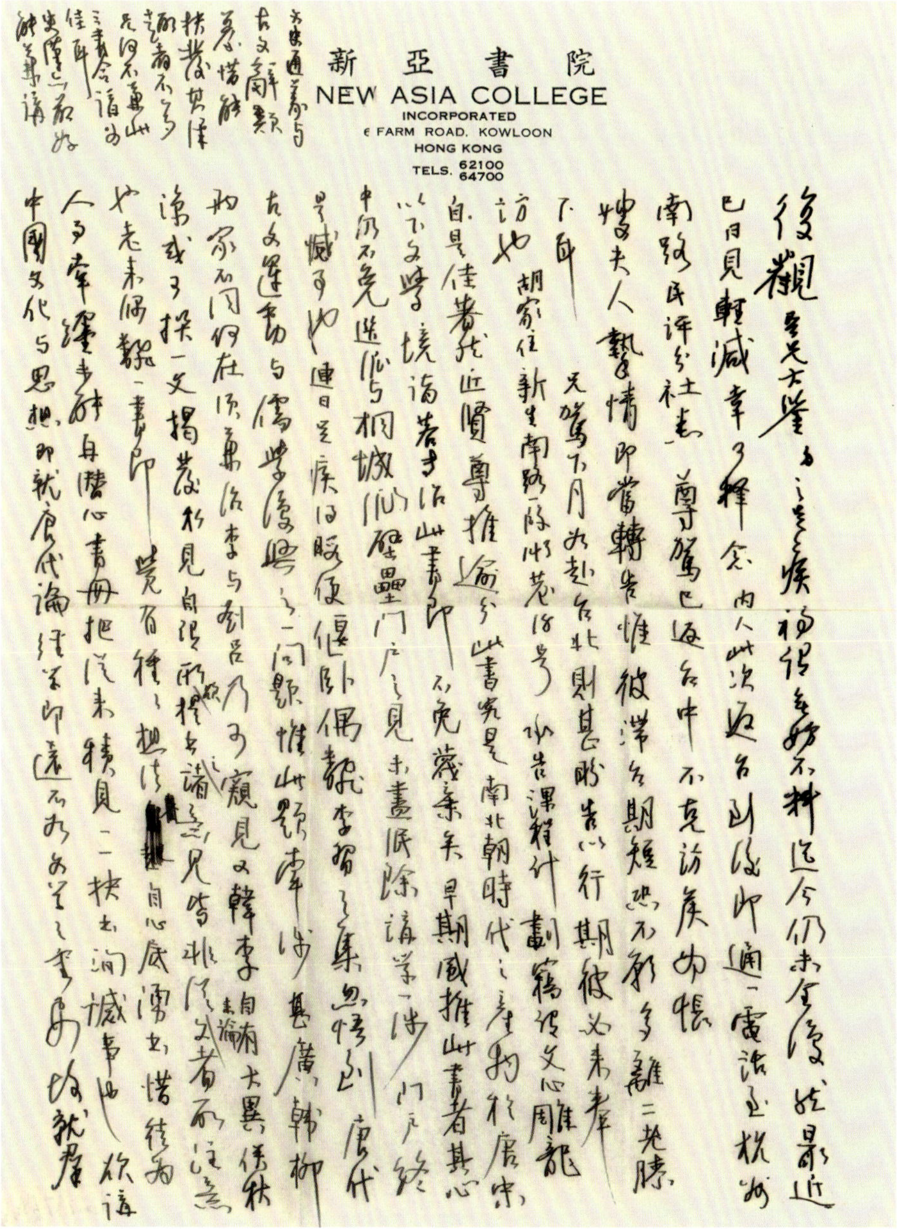

新亞書院
NEW ASIA COLLEGE
INCORPORATED
6 FARM ROAD, KOWLOON
HONG KONG
TELS. 62100
64700

復觀吾兄大鑒：月之疾稍得痊好，不料延今仍未全復，然最近已日見輕減，幸可釋念。內人此次返台，到後即通一電話至新生南路民評分社，尊駕已返台中，不克訪候為悵。嫂夫人熱情即當轉告，惟彼滯台期短，恐不能多離二老膝下耳。兄駕下月如赴台北，則甚盼告以行期，彼必來舍訪也。胡家住新生南路一段卅巷18號。承告課程計劃，竊得文心雕龍自是佳著，然近賢尊推過分，此書究是南北朝時代之產物，於唐宋以下之學境論，若專治此書即不免蔽塞矣。早期國推此書者其心中仍不免從昭明、桐城壁壘門戶之見未盡屏除，論學一涉門戶，終是憾事也。連日呈疾，得暇便偃臥偶讀李習之集，無意到唐代古文運動與儒學復興之一問題，惜此題牽涉甚廣，韓柳兩家不同何在，須兼論李與劉呂乃可窺見，又韓李自有大異未論係秋論或可撰一文揭發於見自得所撰之論，見皆非從文者所注意也。老來偶讀一書即覺有種種想法自心底湧出，惜精力人事牽纏，未能自潛心書冊，把從未積見一一抉出，詞職事也，欣讀中國文化與思想，即就唐代論儒學，即遠不如文學之要為就

文史通義分與古文辭類纂、惜抱能揭發其隱顧者不多，其論實不無尚山，兄何不兼此三書合讀以佳耳。史學之新如研究尊講

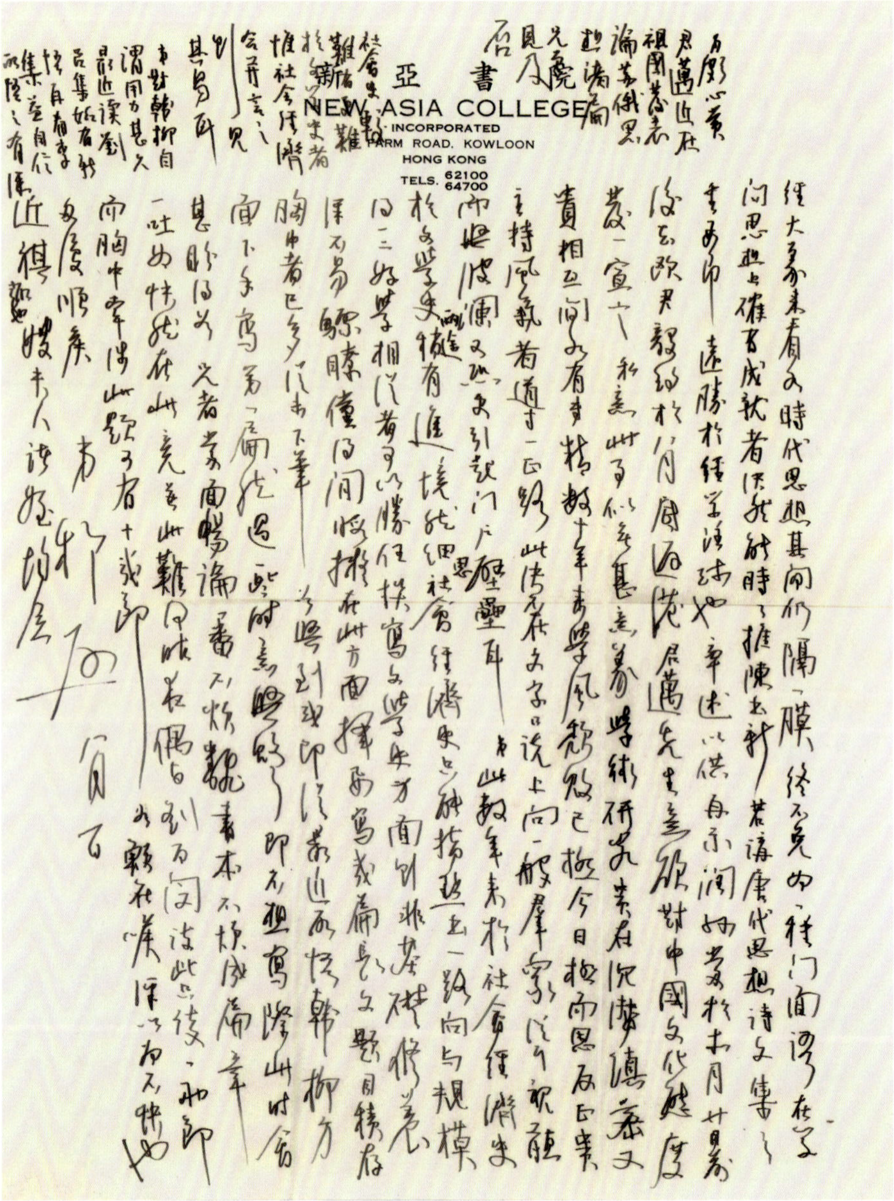
新亞書院
NEW ASIA COLLEGE
INCORPORATED
FARM ROAD, KOWLOON
HONG KONG
TELS. 62100
64700

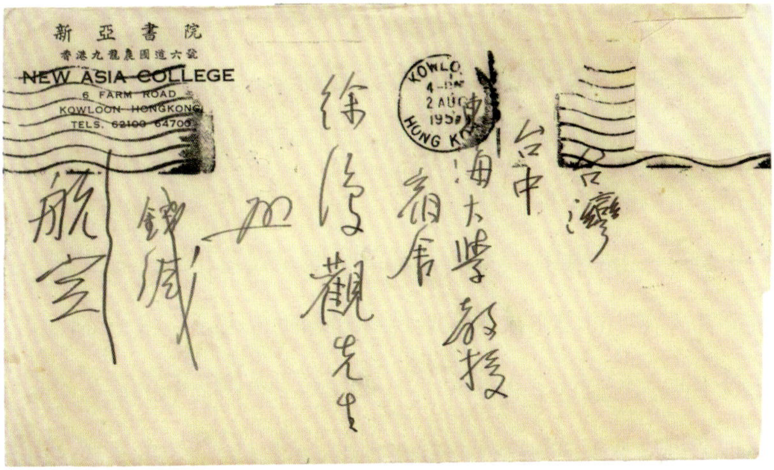
新亞書院
香港九龍農圃道六號
NEW ASIA COLLEGE
6 FARM ROAD
KOWLOON HONGKONG
TELS. 62100 64700
台灣
台中
東海大學教授
宿舍
徐復觀先生
錢緘
航空

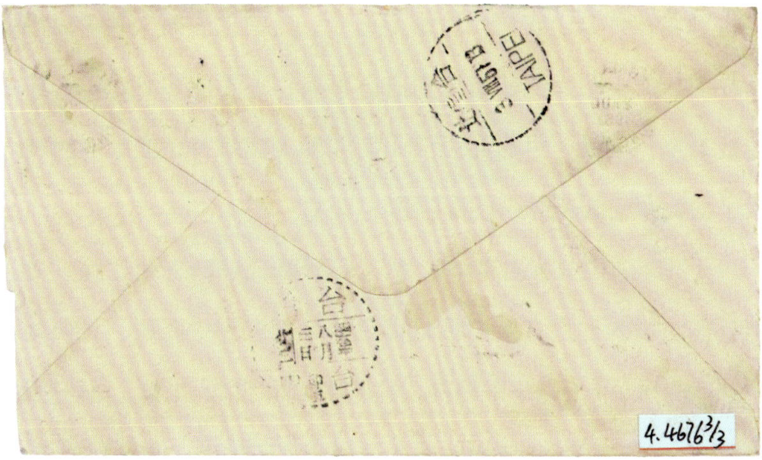
TAIPEI
4.4676 3/3

復觀吾兄：

奉十四日來書，悉內人在府叨擾兩晚，回念以往弟在尊府叨擾之情，一一如在目前。弟安臥牀褥而兄睡地上，此情尤感念無極。弟足疾仍未愈，仍少出門。

聞舊金山有副代表來此，約下星期一到校相訪，《民評》事或許其人在此可得解決也。哈佛有楊聯陞曾來臺，頃到港，其人在臺中晤及否？彼談次甚贊陳伯莊所編《現代學術季刊》。此項刊物本得亞基會支持，亦有停止補助之說。楊不日去基會，謂當對此刊物盡力呼籲。《人生》本亦有停止補助議，其事尚在兩年前，亦得阮君在舊金山支持，始維持迄今。美國人方面，甚少懂得學術界事，而中國人與彼輩往還有關係者，亦不能多有瞭解，於是遂成爲羣狗争骨，可痛亦可笑。新亞賴美金維持，亦斷非辦法，惜乎捨此亦竟無别路，心悶之至。

《莊老通辨》已全部印竣，然又有新悟，欲寫《老荀比論》一篇，但已無法增入，只有俟再版時再説。緣近來實少閒暇，只偶爾心中忽然開悟，並不能集中精神，對此有一兩月精心結撰，通體探討。如此而言著述，彌滋内疚也。弟久欲從全部文化史立場來寫文學史，然兹事體大，終懶下筆。

最近病足，又苦酷暑，每夜偶於樓廊躺椅中瀏覽李、杜、韓、柳、劉、吕、李諸集，雖覺觸處有悟，然懶於下筆，興到即悟，興盡即忘，只留淡淡影像在心中，亦不能潛神深入也。自覺往年讀書主見太多，與己合者似少有會，與己不合即全忽略了。此暑於李白、柳宗元更多瞭解，只緣心平了，能就李看李，就柳看柳，始覺其各有千秋。近人所謂客觀，此實須心德修養。於自然科學方面客觀較易，於人文科學方面客觀殊難。弟近年會心莊老，會心李柳，並非興趣轉换，亦非主張改變，只是心胸較平，能多瞭解耳。《文心雕龍》誠如尊論，弟前函所述，只針對近人偏見而發，非對劉書有菲薄也。

政治理論只求平實，自由主義之所以勝於馬列，即在其卑之無甚高論處。君邁先生在最近所發表諸篇，言理論亦屬平常，只是就事實方面可增許多人在此方面之知識，弟之有取者在此。弟意理論愈平實愈受用，只求信得及便夠，亦很難别有創闢。只知識方面教人博學，或在量上可以貢獻些子，在質上惟有自存謙衷。弟平日持論向如此，及今思之，博學於文，行己有耻，真是好教訓。與人增添知識，此事大難，不宜忽視。私見近來宋漢之争又起，若要提倡宋學，千萬勿陷入空疏主觀。更不宜騰爲口説。弟《〈莊老通辨〉自序》一篇，於《民評》刊出，兄讀之，或將疑弟所見又偏，故在此再縷述之。然書札終不盡意，不如當面暢論，而當面暢論亦須機緣適遇，並非一見面即可傾吐，正如並非一握筆即能抒寫也。因念朱陸鵝湖之會，亦非好安排，此須機緣適逢，便易有談得入港，正如有時開卷，忽有佳悟，若機緣不湊，只是書遮眼，即竟日讀，亦全無入處耳。匆頌

闔第大安！

弟穆頓首

（一九五七年八月）十七日

復觀吾兄：

昨得手字，隨復一緘，諒可先到。即日得内子來書，備述兄嫂殷勤相待之意。彼並云，兄曾言待彼返港，當赴臺北相送，彼意萬不敢當，囑弟儘速函兄止駕，千盼勿爲彼多一跋涉，使彼更滋不安。

頌喬已久不相聞，此次彼夫婦亦親到車站相送，深感故人情重。弟數年前屢來臺中，足下與頌喬兩家相待之情一幕幕恍在目前，何日得重相把晤耶？

今晨風雨中有人來相告《民評》事，舊金山方面尚在考慮中，惟云希望大致甚濃。姑以奉聞。專此，順頌

闔第大安！

弟穆頓首

（一九五七年八月）十八夜

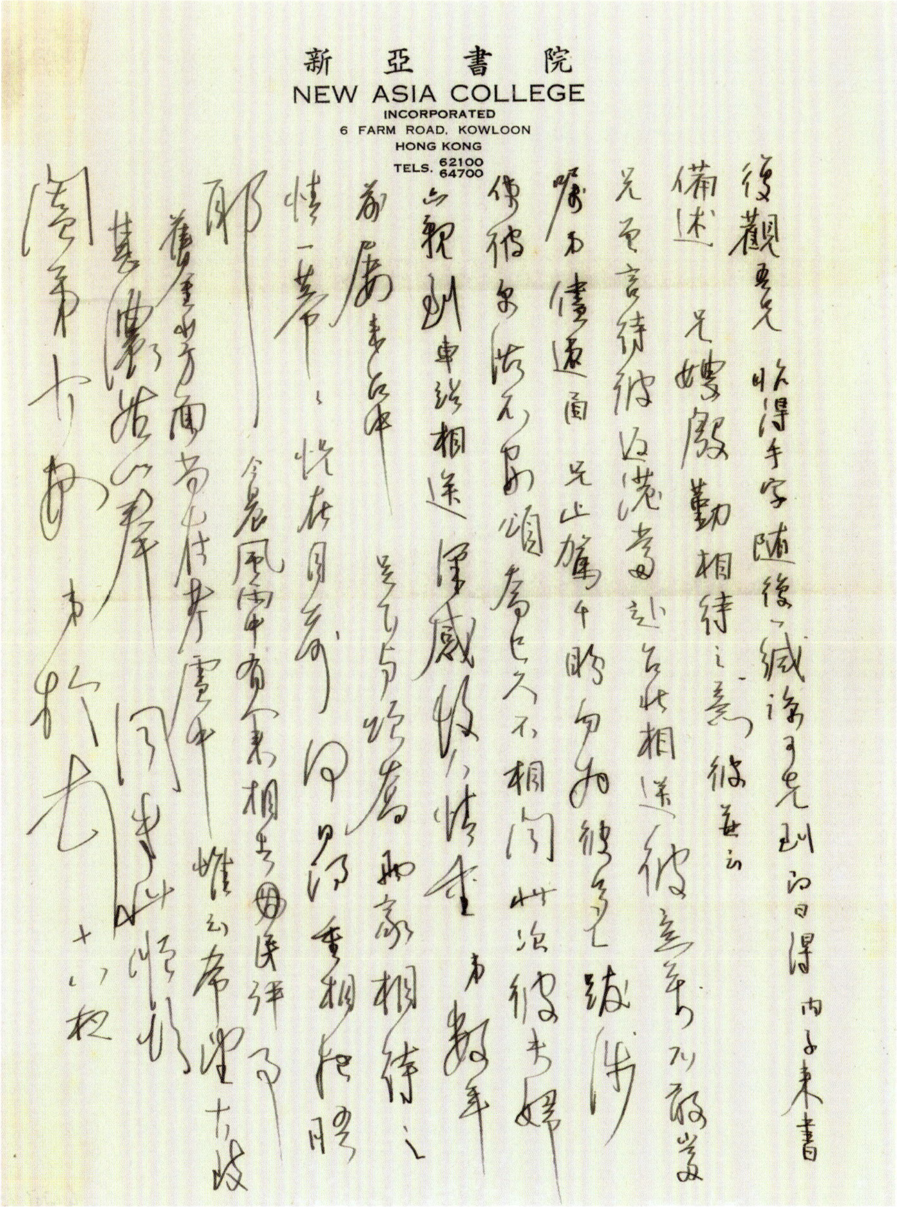

新亞書院
NEW ASIA COLLEGE
INCORPORATED
6 FARM ROAD, KOWLOON
HONG KONG
TELS. 62100
64700

復觀吾兄：收得手字，隨後又續得兄到台日得內子來書，備述兄嫂殷勤相待之意，彼並云兄嫂言待彼返港當赴台北相送，彼意年內[illegible]，囑其儘速函兄止駕，[illegible]。嗣得其來函，知兄嫂[illegible]久不相聞，此次彼[illegible]，親到車站相送，深感故人情重。弟數年前處台中，兄嫂[illegible]相待之情，一幕一幕，恍在目前，何日得重相把晤耶。今晨風雨中有人來相告[illegible]，舊曆中秋前[illegible]雖云[illegible]，甚盼兄嫂[illegible]。嫂夫人均此問候。

弟穆 上 十一夜

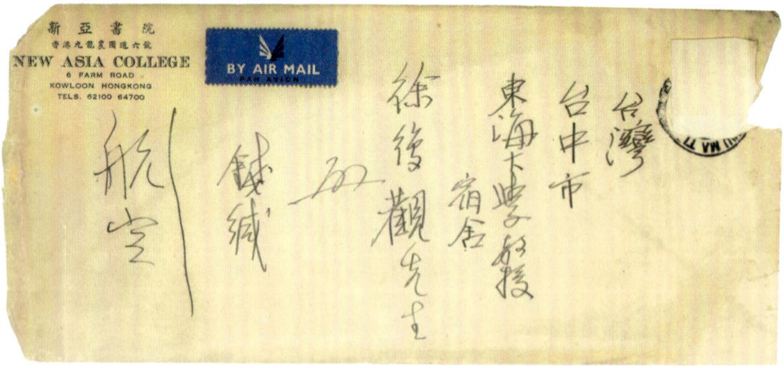
新亞書院
香港九龍農圃道六號
NEW ASIA COLLEGE
6 FARM ROAD
KOWLOON HONGKONG
TELS. 62100 64700
BY AIR MAIL
PAR AVION
台灣
台中市
東海大學教授
宿舍
徐復觀先生
錢緘
航空

復觀吾兄大鑒：

來示奉悉。弟來已一週，今日星期，頗得小閒。大駕爲換藥及再度檢驗須來臺北，甚佳。因弟若來臺中，不得不去臺南，施先生屢邀一晤，既去臺中，必去臺南，既去臺南，周痕静夫婦又曾堅邀去高雄，如是非一週時日不獲歸來。若留此不南行，能待兄來一晤，自所最盼。弟等約在九月十日前返港，兄或稍緩來亦可，可勿急促耳。專此，順候

痊祺！並祝

闔第潭安！

弟穆啓

（一九五七年八月）廿六日

復觀吾兄大鑒：來示奉悉。弟來已一週，今日星期頗得小閒。

大駕若換藥及再度檢驗，須來台北甚佳，因弟若來台中，不得不去台南，施先生屢邀一晤，既去台中，必去台南，既去台南，周痕靜夫婦又當堅邀去高雄，如是非一週時日不獲歸來。若尚此不南行，能待兄來一晤，自所最盼。弟等約在九月十日前返港，兄或稍緩來亦可，可勿急促耳。專此順頌

痊祺，並祝

闔第潭安

弟 穆啟 廿六日

國立歷史文物美術館用箋

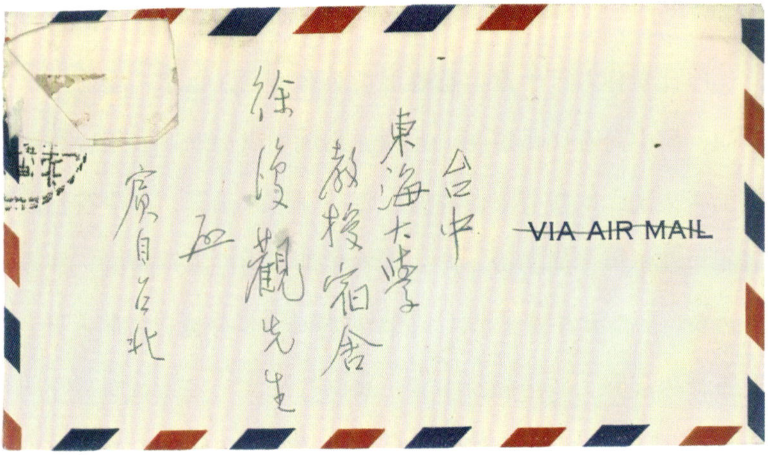
台中
東海大學
教授宿舍
徐復觀先生
啟
VIA AIR MAIL

復觀吾兄大鑒：

即日奉廿六日手書，悉尊況復小有不適，爲念。頌喬兄深情厚誼，便中尚希代爲道謝。兆熊兄爲況極以爲念，去年曾有函詢其能否來港，惟新亞限於經濟，每一學年之預算，經學校行政會議提出及董事會通過後，此一年事業進行均已縛手縛脚，極難再有展布。又爲節省開支起見，把學校種種責任分擔在幾個人身上，此事甚見流弊。教務職務不分，雖以教授治校之美名而實際困難重重。此學年人事又有變動，秘書長及學生生活輔導委員會主任均更動，爲急切需要，不得不即物色新人，而新人一安排則已無位置可以留待來者。君毅漫游未歸，一切由弟在此暑中勉强張羅。弟每一調排，時時念及兆熊兄之位置，而到底不能虛位以待。此層常在弟困慮中。目下只有待君毅歸來，細商下學期能否再有安插。□□則在經濟上，每逢學校有百元以上之臨時支出，總須開行政會議付公決。如此辦學，亦實太無伸縮餘地了。而新亞之所以得維持以有今日，亦惟此是賴。外面虛聲，新亞得海外多方面援助，而實際困難情形，則殊難公開告人也。得來書，爲此彌深懸想，只有再看機會。若兆熊兄能於此暑期來港，則可省弟許多心思。此等事實，爲弟年來懶於再管行政之一主要原因。巧婦難爲無米之炊，君毅之不願挺身而出，於此亦似有許多顧慮。若求新亞重回到以前之艱苦自給狀態，此爲斷無可能之事，而向前邁進，則又決無此可能。回念宋明諸儒創書院，何嘗遇到此等支節。

社會一切事，全偏重到經濟問題上，此情形總是要不得，而當前世界正是如此。又人人各爲經濟權益打算，不謂民主主要仍在經濟上，故知民主政治必待經濟發展至某種境況始能有好成績表現，此則西方近代史顯然事實具在，可不煩有深論而可見者。新亞之前途亦正懸在此點上。時代變更，無法再回憶前軌也。《民評》始終未有確訊，此事亦使弟積悶難宣。丕介文若決意不刊，弟意亦只緩告之可已。臨穎殊多棖觸，乞諒。專頌

闔第平安！

弟穆頓首

（一九五七年）八月廿八日

復觀兄再鑒：

廿八日復書，忘未寄出。爰再增述數事。

大學叢書編纂委員會兩月前强邀弟參加，不謂開會一次，美基會方面即有變更計劃之措施。大致此後一年内，暫不會有確定之經費，亦不會有積極之進行。如外面有已成之稿件，而確有價值者，或可有希望送請審查，代爲出版，然亦恐不能有整筆之稿酬，或僅亦付版税而止。此項變更，似弟前已有函約略述及。事前該會曾有向各方通函徵稿之事，各方來函應徵者，共踰七十人，約有稿八十種以上，即兆熊兄名單上亦有書兩種。此次内部計劃既有變動，恐難如主持人（張雲）之理想推進也。

第二事，内人述及兄與彼談到東海、新亞合作辦研究所事，此層弟意不妨先有若干之擬議。新亞研究所經費與學院經濟各有來源，並不相干。美基會方面只是在研究生方面供給一部分經費，哈佛燕京社方面另供其圖書出版與研究，大約明年夏季，此項補助即須變更。是否圖書出版方面仍能繼續，此刻尚難預知。而研究方面，大體上須併入臺北系統，即楊聯陞此次所來接洽者。因此哈佛方面堅邀弟先當臺北方面一委員，並要弟在港另推一委員。弟爲新亞事業計，不得不姑應之。此下每半年或須來臺一次，其詳俟後有便詳告。若東海方面能自籌一筆經費，並能與新亞合作，共辦一理想的研究機構，實有意義。此事若辦得好，對於新亞研究所之另謀經濟來源，應無妨礙。惟恐東海與新亞兩校間，不易獲得一理想之洽議耳。

初步合作計劃，由東海每年考選畢業生若干人，送來新亞研究所，其經費照人數平均支配。此間圖書較富，教授或可由東海添一二名來更佳。此事最易辦，以後可再進一步合作也。

弟又及

（一九五七年）

編後記

本書得以編輯出版，有以下需要感謝和説明的人事因緣。

首先，是中華書局俞國林先生的慧眼立意，向湖北省博物館請求他們保存的徐復觀先生文獻遺物中的錢穆先生書信資料，動議編輯出版書信集。他以複印件來相商於我，我看到這一封封先人遺墨，真是“見字如面”，一下子被吸引住了。面對這些年月雜亂、文字不易一目了然的書信文獻，未作猶豫，便一口答應承擔整理工作。

其次，是研究生同學的辨識録入。全部書信有百餘封，第一步的辨識録入，分配給我的七位研究生同學承擔。在此過程中，教他們認識繁體字，辨識和熟悉錢穆先生的寫字習慣和風格。遇到不能讀識處，他們自己會在網上查草書字典，我則幫他們認識半文言表述的古雅字詞及人名字號等專有名詞。在我自己也未能破解的最後闕疑處，往往是交給家父，他老人家端詳二三，琢磨一番，幾乎都能迎刃而解，使文辭意思上下貫通。相信這一番作業，對於同學們來説是一次文獻閲讀的功夫訓練，對我自己也一樣，文辭義理，獲益匪淺。

再次，是我所做年月編次。全部書信寫於一九四八年到一九五七年，信内落款僅月日或僅日。少部分書信有信封，信封上又僅少部分郵戳可看清楚字跡，這是首先可確定時間的書信。大部分没有年月標識，主要根據錢穆先生這十年間的生平行事，特別是信中涉及相關著作的出版年月，加上書信内容等來排定。我將這百餘封信一一做了摘要卡片，排比調整，以臻全部編定。

另外，這百餘封書信有三十一封業已收入臺灣聯經版《錢賓四先生全集》及九州版《錢穆先生全集》（新校本）之《素書樓餘瀋》。此次整理校核，一是對這三十一封中有些在《全集》中有文字省略的部分，予以補全；二是對《全集》辨識文字有誤之處，做了校正。如一九五三年七月廿七日信後半部分有一句，《全集》作“較之李君書實爲遜色□耳。□鄙見或不宜取信”，應改爲“較之李君書實爲遜色。世多耳食，鄙見或不易取信”。如一九五五年六月十一日信，《全集》有“頌想對於禪宗作一系統研究”，應爲“頗想對於禪宗做一系統研究”。一九五六年二月廿四日信，《全集》“激宕縱送”，應爲“激宕縱逆”。三是對於全集的年月編次個別有誤處，也做了糾正調整。有一封一九五三年的，有兩封一九五六年的，《全集》都誤判爲“一九五七年”了，現在都改正過來。

責任編輯孟慶媛女士審稿認真細緻，幫助更準確的審定文字和時間順序。

由於本人學識能力所限，書中或還存在誤識誤斷，還望讀者原諒和賜教。

錢婉約

二〇二〇年七月三十一日

出版後記

2004 年，本館計劃舉辦“楚天英傑”展覽，擬介紹在臺的湖北籍學人徐復觀、殷海光、沈剛伯、夏道平等先生。因兩岸隔絶多年，展品欠缺，時任陳列部主任王紀潮研究員借去史語所開會之機，向學界友人求助。在許倬雲、陶晋生、錢永祥、陳昭容諸先生的支持幫助下，聯繫到了徐復觀先生哲嗣武軍先生，得知徐先生部分手稿已捐給武漢大學。王紀潮主任返回大陸後，與武漢大學哲學系郭齊勇教授、李維武教授協商，將徐復觀手稿《老子講疏》等幾件文物轉到本館展出。徐武軍先生爲促成此事助力不少，亦由此與本館建立了良好關係。

2008 年 5 月，徐武軍先生赴大陸出差期間，專程抽空參觀本館，並主動向館方提出願意將家中所藏徐復觀先生手札等材料交至本館保存收藏，將在下次來大陸時帶來。

當年秋天某日午後，王紀潮主任突然接到徐武軍先生電話，表示自己已到武漢。結束通話不久，只見徐武軍先生提着一隻大箱子氣喘吁吁地出現在辦公室門前。王主任曾以爲的一小包手札，實際上是滿滿的一大箱！在保管部清點捐贈物品的過程中，發現其中大部分是書信手札，小部分是徐復觀先生的個人履歷資料，材料之豐富、保存之完好令人驚喜不已。徐復觀先生與政界、軍界、學界交往廣泛，留存下的大量往來信札，被徐武軍先生悉心保存，這無疑爲後人的研究提供了珍貴資料。

徐武軍先生的捐贈材料中包括徐復觀先生與百餘人的往來通信，人員涉及政、軍、學、藝術、新聞出版、學生及日本學人等。如政界有居正、王世傑、張道藩、孔德成等；軍界有湯恩伯、朱懷冰、唐縱等；新聞出版有成舍我、查良鏞、江南等；學界有臺静農、勞思光、沈剛伯、潘重規、陳榮捷、李濟、董作賓、屈萬里、陳槃、楊希枚、徐高阮、饒宗頤、胡秋原、黄彰健、余英時、葉嘉瑩、牟潤孫、林毓生、李敖等。對學界而言，這些來函中最引人注意的是張君勱、錢穆、牟宗三、唐君毅、杜維明等學人給徐復觀先生的信札，其中以錢穆先生的信札最多，達百餘通，時間集中在20世紀50年代新儒家的興起階段。這些信札對中國現代思想史、學術史，尤其是新儒家的發展，有不小的意義。

王紀潮主任退休後，湖北省博物館陳列部副主任曾攀繼續與徐武軍先生聯繫，獲得了編選、出版《徐復觀先生藏札》授權。由於這批書札均爲來函，涉及各界人士衆多，受制於版權問題，出版遲遲難以實現。2018年5月，曾攀在北京向中華書局孟慶媛女士提及此事，中華書局當即表示願意聯繫版權事宜。經多方協商，由錢婉約教授先行整理錢穆先生信札，以利學界研究。

文物徵集是文化積累的重要渠道，編輯出版是文化傳播的主要途徑，由此匯集而成的文化記憶匯流成人類文明的滚滚長河。在這條長河之中，前賢的思想是承載後人脚步的忒修斯之船，對前人思想的收集、整理和傳播，便是對忒修斯之船的實時修整，否則，忒修斯之船終將會千瘡百孔。徐武軍先生雖是理工學者，但對這些信札重要性的認識絲毫不亞於文史工作者。在得知本館需求後，他立即將珍藏多年的徐復觀先生遺物無償捐贈，並親自送到本館，其高義感人。如今，中華書局出版徐武軍先生捐贈信札中最重要的部分——錢穆先生信札，不僅嘉惠後學，也是對徐武軍先生的最好回報。在此，本館向徐武軍先生、王紀潮主任、錢婉約教授等爲收藏、整理、出版作出重大貢獻的人士表示衷心感謝！

湖北省博物館

二〇二〇年九月八日